知的障害特別支援学校における

深い学びへのアプローチ

「主体的・対話的で深い学び」の視点からの授業実践

全国特別支援学校知的障害教育校長会
［編著］

東洋館出版社

まえがき

　全国特別支援学校知的障害教育校長会では，毎年，特別支援教育の動向を見据え，全国の学校で実践している先進的な事例をまとめ，広く普及するため出版活動を行っている。昨年度は，『「日常生活の指導」の実践』及び『新時代の知的障害特別支援学校の図画工作・美術の指導』を発刊し好評を得ている。今年度は，『知的障害特別支援学校における深い学びへのアプローチ～「主体的・対話的で深い学び」の視点からの授業実践～』の出版を計画した。

　平成29年4月に，特別支援学校小学部・中学部学習指導要領が公示され，教育課程を実施していく際の「主体的・対話的で深い学び」の視点からの授業改善を行うことについて示された。特に，「深い学び」に関しては，教科等の特質に応じた見方・考え方を生かしたり，働かせたりしながら，知識を相互に関連付けてより深く理解していくことや，思いや考えを基に創造して考えを形成していくことなどが示されている。

　本出版物では，特別支援学校における児童生徒の質の高い学びを実現し，学習内容を深く理解していくことを目指し，特に「深い学び」について，新特別支援学校学習指導要領に示された知的障害のある児童生徒のための各教科等との特質に応じた様々な授業実践を紹介したいと考えた。そして，今後，知的障害のある児童生徒の「深い学び」について，求められる授業の，一層の充実が図られることを期待している。

　今回，上記のような視点を踏まえて，全国の特別支援学校に投稿を呼びかけたところ，多くの実践事例が寄せられた。編集に当たっては，実践編では，小学部6事例，中学部6事例，高等部8事例の計20事例を取り上げることにした。推薦いただいた全国の多くの校長先生に感謝申し上げ，紹介された実践事例等を日々の指導に生かしていただければ幸いである。

　本書では，前文部科学省初等中等教育局視学官丹野哲也先生，前国立特別支援教育総合研究所情報・支援部総括研究員，文部科学省初等中等教育局視学委員武富博文先生，国立特別支援教育総合研究所研修事業部総括研究員清水潤先生に理論編の執筆をお願いした。お忙しいところ，執筆に御尽力いただき心から感謝申し上げたい。

　本書が，今後の知的障害特別支援学校の学習指導に役立つとともに，一人一人の自立と社会参加に向けた「主体的・対話的で深い学び」へのアプローチになることを期待している。

平成30年12月

全国特別支援学校知的障害教育校長会会長　　大井　　靖

目　次

まえがき ……………………………………………………………………………………001

第Ⅰ章　理論編

第1節　特別支援学校小学部・中学部学習指導要領改訂の要点 ………………006

第2節　特別支援学校学習指導要領における
　　　　「主体的・対話的で深い学び」の視点からの授業改善 ………………011

第3節　「主体的・対話的で深い学び」の視点からの
　　　　授業改善を促すためのカリキュラム・マネジメント
　　　　〜ショートスパン，ミドルスパン，ロングスパンで連動する歯車をイメージして〜
　　　　……………………………………………………………………………………018

第4節　特別支援学校学習指導要領に基づく学級経営の在り方 ………………025

第Ⅱ章　実践編

小学部

▶**国語**
　伝え合うことの楽しさを知ろう！　〜おすし屋さんを開店しよう〜 ………030

▶**国語・算数**
　「主体的・対話的で深い学び」の視点を取り入れた
　数の概念の理解を促す学習
　〜買い物に行こう！　○○は何個？　合わせていくつ？〜 ………………034

▶**音楽**
　「わかる！」「できる！」みんな一緒だからこそ楽しい音楽の授業づくり
　〜音で響き合う　動きでわかり合う〜 ……………………………………038

▶**遊びの指導**
　「やってみたい！」から生まれる主体的な学び
　〜ハッピーランドにレッツゴー！〜 ………………………………………042

▶**生活単元学習**
　自分から動き，考える力を育む生活単元学習　〜めざせ!!　ゴルフ名人〜 ………046

中学部

▶ **社会**
私たちの町・「大月市」を見てみよう，くわしく知ろう
〜出かけてみよう，作ってみよう，わたしたちの「大月市」〜 ……………………050

▶ **数学**
みんなで長さを予想して，実際に測って確かめよう
〜身近なものをはかってみよう　長さ〜 ……………………054

▶ **美術**
ぐるぐるアートを作ろう　〜「動かして」描こう〜 ……………………058

▶ **総合的な学習の時間**
地域の魅力を発信しよう
〜自ら「調べ，まとめ，伝える」活動を通して，主体性をはぐくむ学習〜 ……………………062

▶ **特別活動**
集団で取り組むよさを生かし，人と関わる力の育成を目指した授業づくり
〜白兎スポーツフェスティバルをしよう！〜 ……………………066

▶ **生活単元学習**
自分たちで話し合い，試行錯誤しながら改善を重ねる実践
〜単元名「みんなでやるぞ！　中2ショップ」の実践より〜 ……………………070

▶ **生活単元学習**
多様な他者との協働を通して自ら学ぶ力の育成
〜栗田の縄文プロジェクト　たくさんの人に伝えよう　修学旅行先でのワークショップ〜
 ……………………074

高等部

▶ **国語**
協同学習によるコミュニケーション能力の向上を目指した授業づくり
〜グループディスカッション〜 ……………………078

▶ **数学**
三角形の性質を活用して，高さを求めよう　〜図形の特徴と性質〜 ……………………082

▶ **保健体育**
体力のアンバランスさに働きかけるサーキットトレーニング
〜体つくり運動（体力を高める運動）〜 ……………………086

▶ **職業**
自己理解の力を育むための授業実践
　〜進路先について知ろう　いろいろな仕事〜……………………………………090

▶ **農業**
農園から，働く上での大事なことを学習しよう
　〜本校独自の技術検定・全員合格を目指して〜………………………………094

▶ **福祉**
他者との関わりを通して自分と向き合い，
相手を思いやる優しい心を育てる指導
　〜目の不自由な方たちの生活〜…………………………………………………098

▶ **学校設定教科「キャリアガイダンスの時間」**
級友との対話，ICT機器の活用を通して課題を解決する
生徒の主体的な活動を目指して
　〜卒業制作「後輩へのメッセージ」〜…………………………………………102

▶ **作業学習**
「販売促進会議」を通しての「主体的・対話的で深い学び」の追究
　〜「SAZANKAマーケット」を成功させるために〜……………………………106

第Ⅰ章
理論編

第1節

特別支援学校小学部・中学部学習指導要領改訂の要点

　特別支援学校小学部・中学部学習指導要領（以下，「特別支援学校学習指導要領」という）改訂の要点について整理する。

1 ▶ 小学校等の学習指導要領における改訂の要点

　はじめに，特別支援学校学習指導要領の改訂内容の大前提となっている幼稚園，小学校，中学校及び高等学校における学習指導要領の基本的な考え方について述べる。

　まず1点目は，子供[1]たちが，これからの未来社会を切り拓くための資質・能力を一層確実に育成することを目指していくこと。そして，この子供たちに求められる資質・能力とは何かを社会や地域とも共有し，連携及び協働していく理念として「社会に開かれた教育課程の実現」が示されたことである（小学校学習指導要領「前文」参照[2]）。

　2点目は，基礎的な知識及び技能を確実に習得させ，これらを活用して課題を解決するために必要な思考力，判断力，表現力等を育むとともに，知識の理解の質をさらに高め，確かな学力を育成していくことである（小学校学習指導要領第1章の第1の2の(1)参照）。

　3点目は，先行して改訂された特別の教科である道徳など道徳教育の充実や体験活動の重視，体育・健康に関する指導の充実により，豊かな心や健やかな体を育成していくことである（知・徳・体のバランスのとれた力）（小学校学習指導要領第1章の第1の2の(1)〜(3)参照）。

　これらのことの実現を図るために，小学校学習指導要領では，次の点について新たに規定している。

(1) 育成を目指す資質・能力を明確にしたこと

　このことは，小学校学習指導要領第1章総則の第1の3に規定されており，学校教育全体並びに各教科等の指導を通してどのような資質・能力の育成を目指すのかを明確にしながら，教育活動を充実させていくことである。その際，子供たちの発達の段階や特性等を踏まえつつ，次のことについて偏りなく実現できるようにしていくことを求めている。

　① 知識及び技能が習得されるようにすること。
　② 思考力，判断力，表現力等を育成すること。
　③ 学びに向かう力，人間性等を涵養すること。

(2) 「主体的・対話的で深い学び」の実現に向けた授業改善を推進していくこと

　このことは，小学校学習指導要領第1章総則の第3の1に規定されており，上記①から③までに示すことが偏りなく実現されるように，単元や題材などの内容や時間のまとまりを見通しながら，子供たちの主体的・対話的で深い学びの実現に向けた授業改善を行うこ

とを求めている。

（3）各学校におけるカリキュラム・マネジメントを推進していくこと

このことは，小学校学習指導要領第1章総則の第1の4に規定されており，教育課程に基づき組織的かつ計画的に各学校の教育活動の質の向上を図っていくことを求めている。

2 ▶ 特別支援学校学習指導要領における改訂の要点

特別支援学校学習指導要領の改訂方針については，小学校学習指導要領等と同様の考え方である。

その上で，特別支援学校学習指導要領では，障害のある子供たちの自己のもつ能力や可能性を最大限に伸ばし，自立し社会参加するために必要な力を培うため，一人一人の障害の状態等に応じたきめ細かな指導及び評価を一層充実する視点から改訂が行われている。

特別支援学校学習指導要領における具体的な改訂事項は，次のとおりである。

（1）子供たちの学びの連続性を確保する視点から改訂されていること

知的障害のある児童生徒のための各教科³⁾の目標や内容について，育成を目指す資質・能力の三つの柱に基づき構造的に示されたこと。その際，各学部や各段階，小・中学校の各教科等とのつながりに留意し，次の点について，充実が図られている。

① 各段階の目標の新設及びその内容

現行の知的障害のある児童生徒のための各教科は，算数科であれば，算数科の共通の目標が一つあり，三つの段階の内容が示されている。新しい特別支援学校学習指導要領では，段階ごとに目標を新設し，各段階における育成を目指す資質・能力と内容を明確にしている。

さらに，中学部の各教科については，新たに「段階」を設けている。二つの段階に整理することで，小学部3段階と中学部新1段階及び中学部新2段階と高等部1段階の目標及び内容のつながりの充実が図られている。

段階の考え方については，中学部新1段階では，小学部3段階を踏まえ，生活年齢に応じながら，主として経験の積み重ねを重視するとともに，他人との意思疎通や日常生活への適応に困難が大きい生徒にも配慮しつつ，生徒の日常生活の基礎を育てる内容としてい

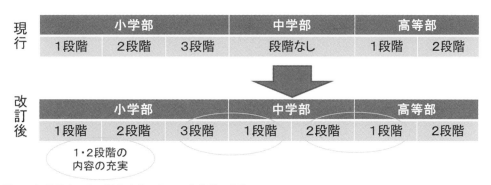

図1　知的障害のある児童生徒のための各教科の段階について

る。このことを踏まえて中学部新2段階では,生徒の社会生活や将来の職業生活の基礎を育てることをねらいとする内容としている。

特別支援学校学習指導要領の目標や内容に示してある事項は,現行の平成21年3月公示に基づく特別支援学校学習指導要領解説総則等編[4]に記述されている事柄が核となっている。

例えば,特別支援学校学習指導要領における小学部生活科の3段階の内容「ウ　日課・予定」では,次のとおりである。

3段階(2)　内容　「ウ　日課・予定」
　一週間程度の予定,学校行事や家庭の予定などに関わる学習活動を通して,次の事項を身に付けることができるよう指導する。
　(ア)　日常生活の日課・予定が分かり,およその予定を考えながら,見通しをもって行動しようとすること。
　(イ)　日課や身近な予定をたてるために必要な知識や技能を身に付けること。

これらの内容は,現行の解説において,次のとおりに示されている。

「(略) 一週間程度の予定が分かり,カレンダーや予定表を見て学校行事や家庭の予定などに従って行動することが求められる。また,都合により予定が変更する場合に対応した指導も重要である。特に,児童は予定の変更に対応することが難しい場合が多く,変化への対応を少しずつ身に付けられるよう配慮することが大切である」[5]

現行内容を基盤として,新学習指導要領の内容が示されている点や,取り扱う内容に関しては,現行の特別支援学校学習指導要領で取り扱われている内容の範囲であると捉えることができる。

②　小学部の外国語活動について

現行の特別支援学校(知的障害)小学部の教育課程では,外国語活動は設けられていないが,各学校では,学校行事等と関連付けながら外国の文化や外国語と触れ合う教育実践が蓄積されている。

今般の改訂では,小学校における外国語教育の充実を踏まえ,特別支援学校学習指導要領小学部に知的障害のある児童のための外国語活動が新設されている。児童の実態等を考慮の上,外国語に親しんだり,外国の言語や文化について体験的に理解や関心を深めたりするため,必要がある場合に知的障害のある児童のための「外国語活動」を加えて,教育課程を編成できるようにしていることは,特筆すべき点である。

③　小学校等の各教科の目標及び内容の一部を取り入れることについて

本規定は新たに設けられた規定である。特別支援学校で学ぶ児童生徒の実態は様々である。例えば,中学部では,小学部からの入学者だけでなく,小学校特別支援学級等から入学してきた生徒が在籍している。その場合には,生徒によっては,中学部の2段階に示す

各教科の内容を習得している場合がある。その際に，中学部に相当する学校段階までの小学校学習指導要領又は中学校学習指導要領における各教科等の目標及び内容の一部を，個別の指導計画に基づき取り入れることができるよう新たに規定された（特別支援学校小学部・中学部学習指導要領第1章総則の第8節2）。従前においても，各担任が児童生徒の学習課題や実態に応じて，個別の教材を用意して学習を展開していた現状を踏まえたものである。また，同時に，このことは，子供たちの無限の可能性を広げる視点からも新たに設けられた規定と捉えることができる。

④　**学習評価について**

知的障害教育の各教科において，観点別の学習評価を行うことの有効性については，国立特別支援教育総合研究所の研究成果[6]において明らかになっている。観点別学習評価を活用することで，児童生徒の学習状況を分析的に評価することができ，単元などのまとまりを通した児童生徒の成長を捉えることができる。

（2）一人一人の障害の状態等に応じた指導の充実

今般の改訂では，子供たち一人一人の障害の状態等に応じた指導をより一層重視していくことから，下記の点について充実が図られている。

① 　**準ずる教科における指導計画の作成と内容の取扱いについての配慮事項の充実**

視覚障害，聴覚障害，肢体不自由及び病弱である子供たちに対する教育を行う特別支援学校における各教科の内容の取扱いについて，障害の特性等に応じた指導上の配慮事項の記述の充実が図られていること（特別支援学校小学部・中学部学習指導要領第2章第1節第1款及び同章第2節第1款）。

② 　**自立活動の指導の充実**

発達障害を含む多様な障害に応じた自立活動の指導を充実するため，その内容として，「障害の特性の理解と生活環境の調整に関すること」を示すとともに，個別の指導計画の作成に当たっての配慮事項の充実が図られていること。

（3）自立と社会参加に向けた教育の充実

① 　**育成を目指す資質・能力を育む観点からカリキュラム・マネジメントを計画的・組織的に行うことが規定されたこと**

小学校学習指導要領と同様に特別支援学校学習指導要領においても「カリキュラム・マネジメントの推進」が規定されているが，特別支援学校学習指導要領では，次の4点の柱から，各学校の教育課程の質の向上を図っていくことが規定されている。

ア　児童生徒や学校，地域の実態を適切に把握し，教育の目的や目標の実現に必要な教育の内容等を教科等横断的な視点で組み立てていくこと

イ　教育課程の実施状況を評価してその改善を図っていくこと

ウ　教育課程の実施に必要な人的又は物的な体制を確保するとともにその改善を図っていくことなど

エ　児童生徒に何が身に付いたかという学習の成果を的確に捉え，個別の指導計画の実施状況の評価と改善を，教育課程の評価と改善につなげていくよう工夫すること

　上記のアからウは，幼稚園教育要領，小学校，中学校及び高等学校学習指導要領における規定の全てに共通している。このことに加えて特別支援学校学習指導要領では，エに規定されている個別の指導計画の実施状況の評価と改善について，教育課程の評価と改善に反映させることの各学校での工夫が求められている。

② **幼稚部，小学部，中学部段階からのキャリア教育の充実を図ることを規定したこと**

　今般の改訂では全ての学校段階において，特別活動を要としつつ各教科等の特質に応じて，キャリア教育の充実を図ることが規定されている。

　特に中学部及び高等部段階では，生徒が自らの生き方を考え主体的に進路を選択することができるようにしていくことをキャリア教育と関連付けながら進路指導を行っていくことが重要である（特別支援学校学習指導要領第1章の第5節の1の(3)）。

③ **生涯を通して主体的に学んだり，スポーツや文化に親しんだりして，自らの人生をよりよくしていく態度を育成することを規定したこと**

　この規定は，特別支援学校卒業後も生涯にわたり，スポーツや文化に親しむことのできる態度の育成を目指し，特別支援学校学習指導要領において規定されている内容である（特別支援学校学習指導要領第1章の第5節の1の(4)）。

④ **知的障害のある児童生徒のための各教科の内容の充実が図られたこと**

　各教科の内容として，日常生活に必要な国語の特徴や使い方〔国語科〕，数学の生活や学習への活用〔算数科，数学科〕，社会参加ときまり，公共施設と制度〔社会科〕，働くことの意義，家庭生活における消費と環境〔職業・家庭科〕など，知的障害者である児童生徒のための各教科の目標及び内容について，育成を目指す資質・能力の視点から充実が図られている（特別支援学校学習指導要領第2章の第1節第2款及び第2節第2款）。

〔注〕
1) 幼児児童生徒を総称する場合には，「子供」と表現する。
2) 幼稚園教育要領，中学校学習指導要領，高等学校学習指導要領においても同様であるが，以下，小学校学習指導要領を基に説明する。
3) 特別支援学校学習指導要領における「知的障害者である児童生徒に対する教育を行う特別支援学校」の各教科を意味する。
4) 「特別支援学校学習指導要領解説　総則等編（幼稚部・小学部・中学部）」平成21年6月及び「同（高等部）」平成21年12月
5) 「特別支援学校学習指導要領解説　総則等編（幼稚部・小学部・中学部）」平成21年6月，P.271
6) 国立特別支援教育総合研究所「知的障害教育における組織的・体系的な学習評価の推進を促す方策に関する研究」（平成26年度），「育成を目指す資質・能力をはぐくむための知的障害教育における学習評価の実践ガイド」平成28年9月

〈丹野　哲也〉

第2節

特別支援学校学習指導要領における「主体的・対話的で深い学び」の視点からの授業改善

1 ▶「主体的・対話的で深い学び」の実現に向けた授業改善の在り方について

　今般の特別支援学校学習指導要領の改訂では，その総則において，「単元や題材などの内容や時間のまとまりを見通しながら，児童又は生徒の主体的・対話的で深い学びの実現に向けた授業改善を行うこと」が新たに規定された。学習指導要領の総則に示されている内容は，全ての学校・学級で取り組まなくてはならないことを意味するが，ここで求められていることは「授業改善を行うこと」であり，その視点が，「主体的・対話的で深い学び」であると捉えることができる。

　学習指導要領における該当箇所は次のとおりである。

1　主体的・対話的で深い学びの実現に向けた授業改善
　各教科等の指導に当たっては，次の事項に配慮するものとする。
(1)　第2節の3の(1)から(2)までに示すことが偏りなく実現されるよう，<u>単元や題材など内容や時間のまとまりを見通しながら，児童又は生徒の主体的・対話的で深い学びの実現に向けた授業改善を行うこと</u>。
　　特に，各教科等において身に付けた知識及び技能を活用したり，思考力，判断力，表現力等や学びに向かう力，人間性等を発揮させたりして，学習の対象となる物事を捉え思考することにより，<u>各教科等の特質に応じた物事を捉える視点や考え方</u>（以下「見方・考え方」という。）が鍛えられていくことに留意し，<u>児童又は生徒が各教科等の特質に応じた見方・考え方を働かせながら，知識を相互に関連付けてより深く理解したり，情報を精査して考えを形成したり，問題を見いだして解決策を考えたり，思いや考えを基に創造したりすることに向かう過程を重視した学習の充実を図ること</u>。

（傍線は筆者による）

　まず，注目すべきは，「単元や題材など内容や時間のまとまりを見通しながら」という箇所である。

　主体的・対話的で深い学びは，必ずしも1単位時間の授業の中で全てが実現されるものではないことである。この単元や題材などについて，答申[1]では，各教科等において，一定の目標や主題を中心として組織された学習内容の有機的なまとまりのことであり，単

元の構成は，教育課程編成の一環として行われるとしている。ここで，単元については，題材といった呼び方をする場合や，内容のまとまりの大きさに応じて，「大単元」，「小単元」といった呼び方を用いる場合等がある。

　児童生徒が学ぶことの意義や意味を理解できるように，意味のある学習のまとまりを工夫し計画をたてていくことが求められている。

　次に，「各教科等の特質に応じた見方・考え方を働かせながら」という箇所についてである。周知のとおり，知的障害のある児童生徒のための各教科等の目標の構造は，小・中学校の各教科等と同じ構造で示されており，全教科等で共通している。

　この「見方・考え方」とは，各教科等の特質に応じた物事を捉える視点や考え方であり，教科等の内容と社会や生活とをつなげる役割を担うキーワードである。

　各教科等に係る見方・考え方は，各教科等の解説[2]において，当該教科等における主要なものとして示してある。見方・考え方を踏まえながら，具体的な学習活動の展開の工夫を図っていくことが重要になる。

　特別支援学校学習指導要領では，知的障害者である児童生徒のための各教科に示した「3　指導計画の作成と内容の取扱い」において各教科の特質に応じた「見方・考え方を働かせて」いくことを前提とした具体的な配慮事項について，次のとおり示している。

【小学部の各教科の例（一部抜粋）】
○生活：児童が具体的な場面で実際的な活動を通して，自分と身近な社会や自然との関わりについての関心を深められるようにすること。
○国語：言語活動を通して，言葉の特徴や使い方などを身に付け自分の思いや考えを深める学習の充実を図ること。
○算数：日常の事象を数理的に捉え，算数の問題を見いだし，問題を自立的，協働的に解決し，学習の過程を振り返り，概念を形成するなどの学習の充実を図ること。
○音楽：音楽に対する感性を働かせ，音や音楽を，音楽を形づくっている要素とその働きの視点で捉え，自己のイメージや感情，生活や文化などと関連付けること。
○図画工作：感性や創造力を働かせ，対象や事象を，形や色などの造形的な視点で捉え，自分のイメージを持ちながら意味や価値をつくりだすこと。
○体育：生涯にわたる豊かなスポーツライフを実現する観点を踏まえ，「運動やスポーツをその価値や特性に着目して，楽しさや喜びとともに体力の向上に果たす役割の視点から捉え，自分の適正等に応じた『する・みる・支える・知る』の多様な関わり方と関連付けること。

　各教科等の特質に応じた見方・考え方を働かせることのできる学習場面を計画的に位置付けながら，得られた知識を関連付けたり，問題を見いだして，解決策を考えたりすることのできる学習活動が求められる。

2 ▶ 知的障害のある児童生徒へのアプローチを考える

　知的障害のある児童生徒は，物事を理解するまでに十分な時間が必要である。

　抽象的な事物についての理解，例えば，長さや時間の概念などについて，理解に至るまでには，個々の児童生徒に合わせた細かい学習の段階が必要であり，児童生徒の生活経験や具体的な場面に即し，学習を継続的に積み重ねていくことが重要となる。一方で，児童生徒が一度身に付けた知識や技能等は，着実に実行されることが多い。

　また，着替えや歯磨きなどの日常生活に必要な事柄についても，成長の過程において，一つのことを身に付けるまでに，何度も失敗を重ねていることがあり，自信や意欲をもって主体的に学習や活動に取り組む力が十分に育っていないことがある。

　そのため，学習場面に即して，その時点で児童生徒がもてる力を最大限に発揮することで成し遂げることができる指導課題を組織し，達成できたことを細かく評価することのできる個別の指導計画が極めて重要となる。

　これらのことを踏まえながら，三つの視点について考えてみたい。

（1）主体的な学びの視点

　児童生徒は，単元で取り上げる題材に興味・関心をもつ段階でつまずくことが多い。そのため，児童生徒の理解の程度や生活経験等を踏まえながら，興味・関心を喚起できるような導入部での指導計画が何よりも重要である。例えば，単元のゴールを分かりやすく具体的に示すことにより，学習の過程について見通しをもてるようにすることなども必須である。その上で，取り扱う題材など児童生徒の生活経験などから，具体的にイメージできるものであるのかなどについても，児童生徒の興味・関心に関連してくる。

　興味・関心を喚起できた次の段階として，いかに学習内容に「期待」をもてるようにするかということである。学習活動に見通しをもてるようにすることと重なる要素であるが，本時での学習内容を想起しながら，次時の学習内容への期待をもてるようにすることが，主体的な学びの視点で特に重要になると考えられる。「期待をもつ」ことは，時制的には，未来のことを考えることであり，思考の基盤になるともいえる。

（2）対話的な学びの視点

　知的障害のある児童生徒は，多くの場合，言葉の発達が生活年齢に比べて遅れている場合が多い。また，発音が明瞭でなかったりするため，言いたいことが十分に伝わらなかったり，正確な言葉の意味を理解しないまま言葉を使ってしまい，対人関係の面でトラブルになったりすることもある。

　多様な対話の在り方を前提とした指導を工夫していくことが重要である。言葉でのやり取り以外に，書くこと，描くことなど，様々な方法を取り上げ，児童生徒が得意な方法で表現することができるようにしたい。

　児童生徒が絵カードを使いながら自分の気持ちを教師や友達に伝えようとする機会なども，対話の一つであると考え，学習場面を構成できるようにしていきたい。

また，児童生徒が言葉を表出している場合でも，その意味を正しく理解しているのかなど，学習の文脈で生じるやり取りの中で確かめながら，必要に応じて即時的に繰り返して教えていくことも必要である。

（3）深い学びの視点

前述のように，深い学びとは，学習の過程の中で各教科等に係る見方・考え方を働かせた学びであり，知識を相互に関連付けてより深く理解することである。

例えば，「お楽しみ会を開こう」という，学級の児童間で共有できる単元計画に即しながら，会の企画から運営や招待する人など，話し合いながら進めていく学習の過程の中で，次のような教科に係る見方・考え方を働かせていくことができる。

○「数学的な見方・考え方」を働かせ，算数科で学習したことを生かす学習場面
　・120円の品物を購入するためには，100円玉が2枚必要であることなどの金種の数量的な関係を用いて，お楽しみ会に必要な材料を買い物学習の中で用意すること。
　・お楽しみ会の会場づくりのために，教室内の教卓を移動させる場所をどこにするのか，机の幅と移動先スペースを比較することなど。
○「言葉による見方・考え方」を働かせ，国語科で学習した，言葉遣いなどに気を付けながら，お楽しみ会の招待状などを作成すること

など，多様な学習場面を計画していくことができる。

一方で，実際の学習場面では，これらの視点が相互に関連しながら，一体となって学習が展開されていくことになる。その際に，単元を通して教科等に係る育成を目指す資質・能力を明らかにし，児童生徒の成長や変容を見定めて，年間の指導計画などの柔軟な見直しや充実を図っていくことのできる動的な取組を大切にしていきたい。

3 ▶ 新たな視点で「授業研究」の活性化

学習を深めるためには，学習活動を成立させるための基礎的な知識・技能も重要であり，それらが，児童生徒の生活経験の中で活用されているのかなど，きめ細やかな実態把握が必要である。

学習内容については，どのような学習活動を通して児童生徒が身に付けていくことができるのか。その上で，学習活動に取り組むために，補完すべき新たな知識・技能があるのかどうかを見極めながら，個別の指導計画に基づく指導を行う必要がある。そして学習内容は，学年相当で一律なものでなく，児童生徒の学習状況等により，異なっている点を踏まえながら，深い学びにアプローチできる指導を充実させていくことが必要であり，知的障害教育に係る教師の専門性の核となるものである。

（1）学習内容，学習活動，資質・能力を結ぶ授業

学習内容と学習活動，そして育成を目指す資質・能力はどのように関連しているのか述べたい。

図1はそのイメージを表したものである。授業では，学習内容について，様々な学習活

```
┌─────────────────────────────────────────────┐
│    学習活動が学習内容と資質・能力を結びつける        │
│              生きる力 ↑                        │
│   ┌─────────────────────────────────────┐   │
│   │   ④      ③                           │   │
│   │ ┌──┐    ○       ○                   │   │
│   │ │学習│  学習活動  資質・能力            │   │
│   │ │内容│                                │   │
│   │ └──┘    ①       ②                   │   │
│   │                                      │   │
│   │ ①⇒②学習内容を学習活動を通して学ぶことに      │   │
│   │     より資質・能力が伸長する             │   │
│   │ ③⇒④資質・能力により学習活動が展開され       │   │
│   │     学習内容が発展する                  │   │
│   └─────────────────────────────────────┘   │
│                                             │
│  ┌─学習内容─┐ ┌─学習活動─┐ ┌─資質・能力─┐    │
│  │・児童生徒が│ │・児童生徒が│ │・児童生徒の│    │
│  │ 主体的・意│ │ 考える場面│ │ もっている│    │
│  │ 欲的に取り│ │ が設定され│ │ 力を把握し│    │
│  │ 組める課題│ │ ています  │ │ ています │    │
│  │ 等は用意さ│ │ か？     │ │ か？     │    │
│  │ れています│ │・考えを深め│ │          │    │
│  │ か？     │ │ るための対│ │          │    │
│  │・児童生徒の│ │ 話や活動が│ │・児童生徒に│    │
│  │ 思考や判断│ │ あります  │ │ つけたい力│    │
│  │ にアプロー│ │ か？     │ │ を明確にし│    │
│  │ チする教材│ │・考えを深め│ │ ています │    │
│  │ や題材の選│ │ るための  │ │ か？     │    │
│  │ 定や「しか│ │ 「手立て」│ │          │    │
│  │ け」はあり│ │ は活動に埋│ │          │    │
│  │ ますか？ │ │ め込まれて│ │          │    │
│  │          │ │ いますか？│ │          │    │
│  │          │ │・学習活動を│ │          │    │
│  │          │ │ 振り返る時│ │          │    │
│  │          │ │ 間があります│ │          │    │
│  │          │ │ か？     │ │          │    │
│  └─────────┘ └─────────┘ └─────────┘    │
└─────────────────────────────────────────────┘
```

図1　生きる力が育成される好循環と授業つくりのポイント

　動を通して，児童生徒の学びが深まるように展開されていくことにより，資質・能力が伸長されていく（①⇒②の過程）。そして，新たな資質・能力が身に付くことで学習活動が展開されることにより，学習内容が発展していく（③⇒④の過程）。このことにより，生きる力が総合的に育まれていくことを表したものである。

　この図の中では，①⇒②⇒③⇒④が結び付いていることが重要であることをご理解いただけるであろう。

　次に，三つの要素を結び付ける授業のポイントを図に整理してある[3]。

　特に，学習内容の1点目については，子供たちが主体的・意欲的に取り組むことのできる課題等が指導計画の中で用意されているかということである。この視点は前述したとおりであるが，知的障害のある児童生徒の場合，興味・関心の段階でつまずくことが多い。そのため，授業場面では，児童生徒の生活経験などを十分に検討した上で，学習内容を選定していくことが必要である。ある教材を提示したときに，児童生徒が「あ！　これ見た

ことがある」，「これ知っている！」など，学習への期待感が生まれる学習内容を工夫するようにしたい。

そして，次に重要なことは，子供たちの思考にアプローチできる「しかけ」を指導計画の中に盛り込むことである。

例えば，朝の会では，友達が上手に発表できた場合に拍手をし合う学習場面がある。児童の学習状況は様々であり，授業者である教師が先導して拍手を促している学習段階の児童から，拍手すること自体を楽しんでいる児童や，朝の会の文脈の中で自ら拍手することに気が付き，友達を称賛する気持ちを込めた拍手をしている児童など，様々な状況が見られる。児童の学習状況を見定めるためには，教師側の「しかけ」が必要である。教師の拍手するタイミングにより，教師が拍手する前に児童が拍手をし始めていれば，自ら拍手することに気が付き始めていると捉えることができる。このような，日々の学習内容の中で子供たちの「思考」を推測するためには，その手掛かりを得るための教師の意図的，計画的な「しかけ」が必要である。

朝の会の学習活動のまとまりの中では，「発表が上手にできた友達に気持ちを込めて拍手をする」ことのように，学習活動の本質的な意義に迫ることが学習内容である。また，教科の見方・考え方との関係で言えば，自分自身や自分のことについて考えるという生活科の見方・考え方が学習過程の核となる。このような教科の見方・考え方を生かしながら，授業の場面以外でも応用できるようにし，自らの生活を豊かにしていくことができる学びを深い学びとして捉えていきたい。

ところで，知的障害教育の授業研究では，しばしば「学習活動を通して，何を学び得たのか明確でない」という，授業者である先生方にとっては大変に厳しい指摘を聞くことがある。これは，図の中で言うと①及び④の箇所が分断している状態である。

特別支援学校（知的障害）で学ぶ児童生徒の障害の状態や発達の段階，及び学習状況等は様々であり，「学習活動」を成立させることが難しい場合も多い。そのため，学習活動そのものが学習目標となってしまい，学習内容が分かりにくい場合であると考えられる。

このことは，学習活動と学習内容が密接に関連しているためでもあるので，指導計画の段階では，一人一人の児童生徒の状態（物事への理解の程度，コミュニケーションの状況等を含めた日常生活や社会生活への適応状況等）を踏まえ，学習活動と学習内容を整理して，指導計画を作成するとよい。

（２）「授業研究」による指導内容・方法の共有

個別の指導計画に基づく指導を授業の中で展開していくことのできる専門性を向上させていくためには，知的障害教育の各教科等の目標や内容の深い理解はもとより，指導内容や指導方法について，「授業研究」を柱とした校内研究をより一層活性化させていくことが求められる。

例えば，高等部段階の数学の指導において，時間と時刻を取り扱う際に，生きて働く知識や技能として「学校からバス停まで，歩いて15分かかるので，3時に学校を出れば，3

時20分のバスに乗ることができる」などのように，生徒が日常的な生活経験の中で実感をもち，自らの課題を解決していく力を伸長させていくことのできる授業をどのように構成し，展開していけばよいのか，授業研究を深化させていきたい。

　余裕をもって5分前には到着できる時刻を考えることなど，生活の中で時刻や時間に関わる数学的活動に密接につながる内容である。このことは，学校教育法21条で明記されている「生活に必要な数量的な関係を正しく理解し，処理する基礎的な能力を養うこと」につながるものである。

　このように，育成を目指す資質・能力を育むために必要な学びの在り方を絶え間なく考え，授業を工夫・改善していくことが期待されている。指導計画の段階で，児童生徒の学ぶ姿，特に，児童生徒が思考・判断し表現していく場面を計画的に学習の文脈の中に位置付けて，児童生徒の変容を見定められる授業を構築していきたい。

〔注〕
1)　中央教育審議会「幼稚園，小学校，中学校，高等学校及び特別支援学校の学習指導要領等の改善及び必要な方策等について（答申）」平成28年12月21日
2)　「特別支援学校学習指導要領解説　各教科等編（小学部・中学部）」平成30年3月
3)　国立教育政策研究所プロジェクト研究報告書「資質・能力を育成する教育課程の在り方に関する研究報告書1」第4章（平成27年3月）を参考に作成

〈丹野　哲也〉

第3節

「主体的・対話的で深い学び」の視点からの授業改善を促すためのカリキュラム・マネジメント
～ショートスパン，ミドルスパン，ロングスパンで連動する歯車をイメージして～

1 ▶ 資質・能力の育成に主眼を置いた「主体的・対話的で深い学び」の視点からの授業改善

　前節までにも述べた「主体的・対話的で深い学び」の視点からの授業改善については，そのこと自体が目的的に行われるのではなく，あくまでも三つの資質・能力，すなわち「(1)知識及び技能が習得されるようにすること。(2)思考力，判断力，表現力等を育成すること。(3)学びに向かう力，人間性等を涵養すること」が偏りなく実現されることを念頭に置いて取り組むことが重要である。そのためには，「授業改善」という言葉について，45分や50分を標準として行われる毎時間の授業のみならず，「単元や題材など内容や時間のまとまり」を意識しながら捉えること，言い換えれば，数時間から十数時間，場合によっては数十時間を費やす単元（題材）の全体像を俯瞰した視点で捉えること，そして，それらの単元（題材）がいくつか組み合わされることによって構成される年間数十時間から百数十時間，場合によっては数百時間に及ぶ「各教科等」というさらに大きな枠組みをイメージしながら捉えることが重要である。端的に述べると，一つ一つの授業の積み重ねにより単元（題材）は構成され，単元（題材）の積み重ねにより各教科等の目標を達成しようとしているので，学習内容のまとまりや時間のまとまりを適切に管理していくことが重要になる。特に時間のまとまりに視点を当てると，毎時間の授業というショートスパンで回転する歯車が，次の授業へとしっかりと連動して歯車が噛み合うこと（図1），それらの連動する歯車が単元（題材）というミドルスパンで回転する歯車の内歯として機能するということ（図2），さらに単元（題材）といういくつかの歯車同士が連動し合うことによってロングスパンで回転する各教科等という歯車の内歯として機能するという捉え方もできよう。

　各スパンの中で，資質・能力そのものを連動させ合いながら，最終的にどのような資質・能力の育成を目指すのかを明確に意識した授業設計，単元（題材）設計，各教科等の

図1　「授業」という歯車の連動　　図2　各授業の連動で単元を構成　　図3　各単元の連動で教科を構成

年間指導計画の設計が求められているところである。

2 ▶ カリキュラム・マネジメントの三つの側面と授業改善

さて，中央教育審議会答申「幼稚園，小学校，中学校，高等学校及び特別支援学校の学習指導要領等の改善及び必要な方策等について」（平成28年12月）では，カリキュラム・マネジメントの三つの側面について，以下のとおり述べられている。

> ①各教科等の教育内容を相互の関係で捉え，学校教育目標を踏まえた教科等横断的な視点で，その目標の達成に必要な教育の内容を組織的に配列していくこと。
> ②教育内容の質の向上に向けて，子供たちの姿や地域の現状等に関する調査や各種データ等に基づき，教育課程を編成し，実施し，評価して改善を図る一連のPDCAサイクルを確立すること。
> ③教育内容と，教育活動に必要な人的・物的資源等を，地域等の外部の資源も含めて活用しながら効果的に組み合わせること。

なお，カリキュラム・マネジメントそのものは，「各学校が設定する学校教育目標を実現するために，学習指導要領等に基づき教育課程を編成し，それを実施・評価し改善していくこと」と示されており，教育課程全体に関する説明ではあるものの，その中核になるのは，取りも直さず一つ一つの授業を展開していくことであるため，これを授業改善という視点からも機能させていくことは重要であると考える。具体的なポイントについて，三つの側面に即して以下に述べたい。

（1）教科等横断的な視点

「各教科等の教育内容を相互の関係で捉え」とは，当該の教科等のみならず，他の教科等において，学んでいる内容との間にどのような関連があるのかを整理することである。とりわけ，資質・能力という観点からそれらのつながりを押さえ，意図的・計画的に知識・技能を活用したり，各教科等の特質に応じた見方・考え方を働かせたりすることが重要なポイントとなってくる。例えば国語科のある単元で学んだ「相手の話に関心をもち，自分の思いや考えを相手に伝えたり，相手の思いや考えを受け止めたりする」力を図画工作科における「材料や，感じたこと，想像したこと，見たこと，思ったことから表したいことを思い付く」力と関連させ，対話的な学びの中でより豊かにイメージを膨らませながら，創造的な造形活動に取り組み，深い学びへとつなげていくことなどが考えられる。

また，「必要な教育の内容を組織的に配列していくこと」とは，各教科等間において，上述したような資質・能力間の関連を想定して，学習内容の順序性や系統性を整理したり，学習時期の前後関係を検討しながら構成したりすることである。一つの教科等で学んだことが，別の教科等の中で生かされていくことによって，児童生徒一人一人の中に学びの深まりや学びの広がりが実感できるような授業改善の在り方が求められてくるところである。

（2）PDCAサイクルの確立

　知的障害教育においては、個々の児童生徒の知的障害の状態や教育的ニーズ等を総合的に勘案しながら授業づくりを行っていくことが重要である。その際、「子供たちの姿や地域の現状等に関する調査や各種データ等に基づき」とは、個別の教育支援計画や個別の指導計画に記された児童生徒の学習上や生活上の履歴、現在の様子、将来に向けた展望や願い等をデータとして活用しながら、授業づくりに反映させていくこと、また、児童生徒の学習状況の評価データの蓄積や学校評価によって得られた保護者による評価を含め、学校関係者評価によって得られたデータを効果的に活用することが考えられる。学校によっては研修・研究活動等に取り組む中で研究授業を実施し、授業改善アンケートなどを行っている学校も見られるが、このようなデータも当然、資質・能力を育成するための「主体的・対話的で深い学び」の実現に向けて活用していくことが考えられよう。さらに、「教育課程を編成し、実施し、評価して改善を図る一連のPDCAサイクルを確立すること」とは、各種の全体計画や年間指導計画、単元（題材）計画、授業計画等のそれぞれのレベルを視野に入れながら、「何のために、いつ、どこで、誰が、誰と、何を、どのように、どうするのか」を具体的に検討し、実行に移すこと、その結果や成果を目的（何のため）に応じて評価すること、具体的に改善すべき要因はどこにあるのかを分析した上で、詳細な改善計画を念頭に、どの時期（いつまで）に、どのこと（何）について、誰が、どのような方法で改善するのかを明確化して取り組むことが重要となる。

（3）人的・物的資源等の効果的な組み合わせ

　「教育内容と、教育活動に必要な人的・物的資源等」とは、例えば人的資源に関わって、授業や単元（題材）、各教科等の目的を達成するために、PT、OT、STやその他の心理職等の専門的な視点や助言等を、教育的見地からの専門的な見方と摺り合わせる中で、必要かつ適切な指導及び支援の内容や方法として取り入れ、意義のある学びや教育的ニーズに応じた学びとすることが考えられる。これら以外にも、茶道、華道、書道等の伝統的な技芸等に秀でた外部人材を活用して、児童生徒の興味や関心、意欲等をより一層喚起し、主体的に学習に取り組めるようにすることなども考えられよう。表1は文部科学省が平成25年度から平成27年度まで実施した「特別支援学校のセンター的機能充実事業」に関わって活用された外部人材の職種を成果報告書よりまとめたものである。実に多様な関係者との連携により授業改善をはじめ、学校の教育活動の改善に取り組んでいる状況が窺える。また、物的資

表1　活用した外部専門家

文部科学省「特別支援学校のセンター的機能充実事業」成果報告書（平成25年度～平成27年度）の総括

Ⅰ．事業で活用した外部人材

理学療法士（PT）、作業療法士（OT）、言語聴覚士（ST）、心理士、臨床心理士、療育コーディネーター、療育センター職員、ICT技術活用を専門とする大学教授、応用行動分析学の専門家、大学教授、小児科医師、精神科医師、歯科医師、眼科医師、歯科衛生士、看護師、栄養士、リハビリ専門機関、視能訓練士、調理師、システムエンジニア、NPO法人に所属するパソコン講師、産業カウンセラー、ビル管理会社職員、百貨店職員、ホテル職員、民間会社社員、音楽療法士、介護福祉士、社会福祉法人職員、職業自立推進・職業指導講師、キャリアカウンセラー、障害者就業・生活支援センター職員、若年教員育成アドバイザー

源に関わっては，ICT機器を活用してよりイメージ豊かに物事を捉えたり，リアリティのある体験に近づけて物事をより深く理解したりすること，AT（アシスティブ・テクノロジー）を活用して自分の意思を表出したり，主体的に活動に参加する条件づくりを整えたりすることが考えられる。さらには，学校周辺や児童生徒が居住する地域の文化的行事や伝統的行事等への参加・関与等は，有形無形の資源の活用として，児童生徒にとっての意義ある学びの文脈をつくる上でも効果的に活用していくことが考えられよう。いずれにしてもこれらの資源を単体として活用する視点はもとより，必要に応じて「効果的に組み合わせる」視点をもって活用することが重要となる。

3 ▶「主体的・対話的で深い学び」を実現するための 指導及び支援上のポイント

前項では，カリキュラム・マネジメントの視点と関わって授業改善のPDCAサイクルについて言及した。ここで改めて，資質・能力を育むために重要となる「主体的・対話的で深い学び」の実現に向け，どのようなポイントを押さえるべきかについてPDCAサイクルに即して触れてみたい。

(1) Plan

まずは，①各教科等の特質との関連で児童生徒の実態把握を行い，好きなことや興味・関心のあること（知りたいこと，見たいこと，体験したいこと），目指したい自分の姿等を明らかにすることが重要である。それらを生かしながら，②授業や単元等を通して，育成を目指す資質・能力を明確に設定すること，③資質・能力の育成と関わって，習得される知識や技能と，それらが活用されている姿，資質・能力がいつ，どのような場面で，どのように発揮されるのかを念頭に置いた評価規準を設定し，どのような評価方法を用いてそのことを確かめるのかを予め明らかにすることが重要である。つまり，学習を終えた段階で評価のことについて検討するのではなく，あくまでも計画段階において，どのように学びの足跡を見取っていくのか，目標と表裏一体の関係で検討することが大切である。また，④「習得」，「活用」，「探究」といった学習活動の類型をどのように組み立てるかを検討することも必要になる。この際，必ずしも「習得→活用→探究」という一方向のみならず，児童生徒の学習状況等を手掛かりに多様なプロセスを検討する視点も重要となる。

(2) Do

育成を目指す資質・能力の三つの柱は，それぞれが並列の関係で設定されるものではなく，知識・技能を活用し，思考したり，判断したり，表現したりする中で，学びに向かう力や人間性にまで一体的に結び付けて育成されていくものという理解が何よりも重要である。そうなれば，①授業や単元（題材）等を通して，学ぶことの本質的な意義に迫る「問い」，言い換えれば学習する意味の核心に迫る「問い」を，学習集団全体に対して，または個別の教育的ニーズ等に即して設定し，児童生徒に対して投げ掛けることがポイントになる。児童生徒は，この「問い」に対して，②説明を聞いたり，教科書や資料を読んだり，

静止画や動画や友達のパフォーマンスを視聴したりする学習活動や，学んだことを実演したり，書き表してみたり，ペアや小集団で友達に説明したり，意見交換をしたり，協議を深めたりする学習活動を通して解決に向かう。実際の授業中には，児童生徒の学んでいる様子を観察しながら臨機応変にこれらの諸活動を組み込んでいく柔軟性も必要になる。その際，③児童生徒一人一人の思考や判断のプロセスに着目し，必要に応じて考え方の道筋を示したり，判断の根拠となる事由等をさらに引き出したりする発問の工夫等を行うことも，児童生徒を「深い学び」に導く上で重要なポイントになる。

（3）Check

　この段階では，①Planの段階で予め設定した学習状況を分析的に評価する方法や観点，評価規準等に即して，児童生徒一人一人の変容の状況を教育的な視点から価値付けることが重要になる。学習を通してどのような資質・能力が身に付いたのかは，当該の教科等を中心に確認していくことが必要となるが，当該の教科等のみに留まらず，習得した知識や技能，見方・考え方を他の教科等の中や学校生活全般，家庭生活，地域生活等の中でも働かせることは，教科等横断的な学びを創造していく上で極めて頻繁に起こりうることである。そのため，②知的障害のある児童生徒の場合，学習面や生活面全般を見渡しながら様々な形で「学びが生かされている状況」を評価する視点をもつことも大切となる。また，この段階では，③授業や単元（題材）等を構成する諸要因（授業構成，指導の手立て，授業目標設定の妥当性，個別の指導計画の妥当性，単元計画の妥当性，年間指導計画の妥当性等）を基に，「授業の評価」や「指導の評価」を分析的に行うことも重要となる。その際にも，基本的には児童生徒の学習状況の評価を核としながら，そのことを根拠にして「授業」や「指導」の在り方を評価する視点をもつことがポイントとなる。

（4）Action

　この段階では，①授業計画レベル，単元（題材）計画レベル，年間計画レベルの各レベルにおいて，Checkの段階で行った各種の評価を基に，目的・内容・方法・時間数等の見直しを随時，または適宜行うことがポイントとなる。これまでにも述べたとおり，一つ一つの授業の歯車を噛み合わせていくことが単元（題材）の目標を達成することにつながり，単元（題材）の歯車を噛み合わせていくことが，各教科等の年間計画に掲げる目標を達成することにつながっていく。そのような学習のプロセスを想定するとなれば，それぞれの計画の実施状況に基づき，当初の計画に対して，微細な修正や調整を弾力的に行っていくことが必要となり，このことが歯車をうまく噛み合わせていくためのポイントともなる。とかく，「当初の計画どおり」に実行したくなるところではあるが，そのことが必ずしも児童生徒の学習状況にそぐわず，主体的な学びや対話的な学び，深い学びに導くための工夫や手立てが新たに必要と判断される根拠があれば，柔軟に計画の修正や変更を行っていきたい。その際，②どの時期（いつまで）に，どのこと（何）について，誰が，どのような方法で改善を試みるのかを具体化して取り組むことが重要になる。この遂行状況をマネジメントすることが重要である。③さらには，改善策が効果的であったのかを検証す

る視点をもちあわせておくことも重要である。教育活動は不確定な要素も多く,「改善されるはず」と考えて取り組んだ試みが往々にして想定したとおりに機能しない状況も起こりうる。この際にも,再びPDCAサイクルを循環させ,目標達成に向けた不断の取組を進めていきたい。

4 ▶「主体的・対話的で深い学び」の視点に基づく授業研究に向けて

　さて,これまで「主体的・対話的で深い学び」の視点からの授業改善に取り組む際の考え方やポイントについて述べてきた。特別支援学校(知的障害)では,平成26年11月に文部科学大臣からの次期の教育課程の基準等の在り方について諮問が行われて以降,中央教育審議会の審議状況を見据えながら,いち早くこの課題を研究テーマとして設定し,研究活動を進めてきた学校も見られる。また,本書もそれらの研究活動を推進する機能や新学習指導要領のより深い理解と実践への橋渡しとなることが刊行のコンセプトとされている。特に研究活動を推進する場合に留意しなければならないことは,「主体的・対話的で深い学び」の実現のみが目的的に議論されていくことである。これを成立させるために,各学校独自で「主体的・対話的で深い学び」をどのように「捉えるか」が議論され,「主体的な学びを成立させるための要件」,「対話的な学びを成立させるための要件」,「深い学びを成立させるための要件」を検討し,まとめ上げていくことが似通った研究プロセスとして描き出される可能性がある。「主体的・対話的で深い学び」の視点に基づく授業改善は,児童生徒に資質・能力の三つの柱が確実に育まれるとともに,それらが偏りなく実現されることを通して,各学校が設定する学校教育目標の実現を図るよう,また,学校卒業後も続く生涯にわたる学びを能動的に続けていけるよう,教師が不断の努力を積み重ねていくものである。このことが検討の「核」となるということを外さずに,また「手段が目的化していく」ことの懸念を払拭できるように,「何のために」研究活動を行っていくのかを予め明確に設定しておくことが重要である。さらには,「主体的・対話的で深い学び」の視点が必要とされるには,その背景となる我が国が置かれている状況や児童生徒の学習状況等が存在するからこそであり,それらを含めて中央教育審議会で審議がなされてきた経緯や根底にある考え方を外すことなく理解を深め,研究活動につなげていくことが必要である。加えて,「主体的」,「対話的」,「深い学び」の視点は,児童生徒の側から見ると「学びの過程としては一体として実現されるもの」であるということの理解と,三つの視点は「相互に影響し合うもの」であり,截然と区別されにくいものであるものの,「学びの本質として重要な点を異なる側面から捉えたものであり,授業改善の視点としてはそれぞれ固有の視点」と捉えられていることを押さえておく必要がある。

　以上の学習指導要領改訂に係る基本的な考え方の全体像を丁寧に捉えた上で,各学校における研究活動の推進をはじめとしたカリキュラム・マネジメントの具体的展開と児童生徒の主体的・対話的で深い学びの実現を目指した取組を期待したい。

〔参考文献〕
・中央教育審議会（2017）「幼稚園，小学校，中学校，高等学校及び特別支援学校の学習指導要領等の改善及び必要な方策等について（答申）」
・文部科学省（2017）特別支援学校幼稚部教育要領，小学部・中学部学習指導要領
・武富博文（2017）「知的障害教育における授業実践展開の工夫」，武富博文，松見和樹編著『知的障害教育におけるアクティブ・ラーニング』東洋館出版社

〈武富 博文〉

第4節

特別支援学校学習指導要領に基づく学級経営の在り方

　中央教育審議会答申「幼稚園，小学校，中学校，高等学校及び特別支援学校の学習指導要領等の改善及び必要な方策等について」（以下，「答申」）では，「第1部　学習指導要領等改訂の基本的な方向性」の「第8章　子供一人一人の発達をどのように支援するか―子供の発達を踏まえた指導―」に，「学習活動や学校生活の基盤となる学級経営の充実」が示された。学級経営の充実についてはこれまで，小学校学習指導要領総則にのみ位置付いていたが，中学校及び高等学校の学習指導要領総則にも位置付けられることになった。

　また，答申「第2部　各学校段階，各教科等における改訂の具体的な方向性」の「第2章　各教科・科目等の内容の見直し」「16.特別活動」に，「総則において学級（ホームルーム）経営に関して明示することに対応し，学級活動・ホームルーム活動の(1)を中心に学級経営との関連を図ることを示すことが必要である」と示された。

　以上の方向性は特別支援学校も同じである。新しい特別支援学校学習指導要領等に示された学級経営に関する内容を踏まえながら，学級経営の在り方として2点述べる。なお，便宜上，学級（ホームルーム）経営は「学級経営」，学級活動・ホームルーム活動は「学級活動」と示す。

1 ▶ 学級経営の位置付けと学級経営の充実に向けて重要なこと

　特別支援学校学習指導要領総則の「第5節　児童又は生徒の調和的な発達の支援」の1の(1)には，「学習や生活の基盤として，教師と児童又は生徒との信頼関係及び児童又は生徒相互のよりよい人間関係を育てるため，日頃から学級経営の充実を図ること」が示された。特に，「生活」をキーワードとする知的障害教育では，学習と生活が一体的に進むことから，基盤となる学級経営の学習への影響は大きいと考える。なお，特別支援学校を対象としたものではないが，ウォン・ウォン（2017）は「50年間にわたる11,000もの調査結果を分析した研究の結果，子供が学ぶ上で最も大事な要素は『学級経営』である」としている。

　また，特別支援学校教育要領・学習指導要領解説総則編（幼稚部・小学部・中学部）の第3編の第2章の第5節の1の(1)（以下，「解説総則編」）では，「学級経営を行う上で最も重要なことは学級の児童生徒一人一人の実態を把握すること，すなわち確かな児童生徒理解である」と示されている。児童生徒一人一人の実態を丁寧かつ確かに把握することは，特別支援学校が大事にしてきた専門性の一つであり，学級経営を行う上で最も重要であることを改めて認識したい。

　さらに，学級経営の充実に向け，次の3点が重要であると考える。

1点目は、学級目標の設定である。解説総則編には、「学級担任の教師は、学校・学部・学年経営を踏まえて、調和のとれた学級経営の目標を設定し、指導の方向及び内容を学級経営案として整えるなど、学級経営の全体的な構想を立てるようにする必要がある」と示されている。新しい学習指導要領等では、育成を目指す資質・能力を踏まえた学校教育目標の明確化が示されていることからも、学校・学部・学年経営を踏まえた学級目標の設定は重要である。

2点目は、特別活動の理解である。特別支援学校の特別活動は、基本的に小学校等の特別活動に準ずることから、特別支援学校学習指導要領及び同解説に詳しく示されていないため、小学校等の学習指導要領及び同解説特別活動編を読み、理解する必要がある。小学校学習指導要領の特別活動の「第3 指導計画の作成と内容の取扱い」の1の(3)には、「学級活動における児童の自発的、自治的な活動を中心として、各活動と学校行事を相互に関連付けながら、個々の児童についての理解を深め、教師と児童、児童相互の信頼関係を育み、学級経営の充実を図ること」と示されている。学級経営と密接に関係する学級活動については、小学校学習指導要領解説特別活動編（以下、「解説特別活動編」）を通じて理解を深めたい。

3点目は、開かれた学級経営である。解説総則編には、「学級経営に当たって、学級担任の教師は、校長や副校長、教頭の指導の下、学部や学年の教師や生徒指導の主任、さらに養護教諭など他の教職員と連携しながら学級経営を進めることが大切であり、開かれた学級経営の実現を目指す必要がある。また、充実した学級経営を進めるに当たっては、家庭や地域社会との連携を密にすることが大切である」と示されている。校内外の方々と連携し、開かれた学級経営を進めることは、新しい学習指導要領の理念「社会に開かれた教育課程」を実現する上でも重要である。

2 ▶ 学級経営と授業の充実に向けて必要なこと

学級経営の充実が学習の基盤となることは先述した。教師側からすると学級経営の充実は授業づくりの基盤であり、学級経営の充実には授業改善が不可欠であると言える。また、知的障害教育では、学習と生活が一体的に進むことも先述した。特別支援学校（知的障害）において学級経営と授業を一体的に進め、共に充実するためには、次の3点が必要であると考える。

(1) 安心して自分の力を発揮できる場づくりと教師の姿勢

解説総則編の冒頭に、「学校は、児童生徒にとって伸び伸びと過ごせる楽しい場でなければならない。児童生徒一人一人は興味や関心などが異なることを前提に、児童生徒が自分の特徴に気付き、よい所を伸ばし、自己肯定感をもちながら、日々の学校生活を送ることができるようにすることが重要である」と示されている。以上のことを実現するためには、日頃から教師と児童生徒との信頼関係づくりや、児童生徒相互のよりよい人間関係づくりにより、学級と授業の双方が、安心して自分の力を発揮できる場である必要がある。

特に，教師の姿勢は重要であり，先述した「確かな児童生徒理解」はもちろんのこと，「教師の意識しない言動や価値観が，児童生徒に感化を及ぼすこともあり，この見えない部分での教師と児童生徒との人間関係にも十分配慮」（解説総則編）したい。

なお，図1は筆者が特別支援学校（知的障害）小学部に勤務したときの，授業づくりに関する資料であり，児童の思い・願いを生かし，主体性を育むために必要な手立て等を自校小学部の実践から集め，計画・実践・評価の段階ごとに整理したものである。図中の「授業づくりの基盤は学級づくり～安心して学習できる教師や友達との関係づくりに努めよう～」は，各実践や児童の様子から教職員で必要性を認識し，位置付けた。図中の文言等は当時のものであるが，参考にしていただきたい。

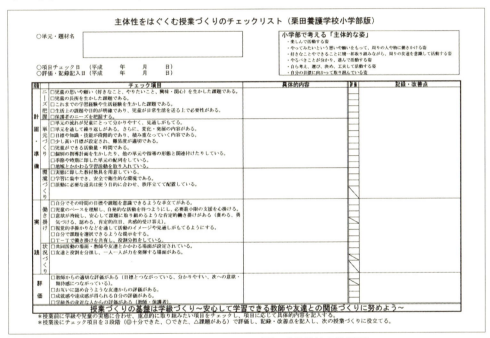

図1　主体性をはぐくむ授業づくりのチェックリスト（栗田養護学校小学部版）

（2）学級活動における自発的，自治的な活動の理解・取組

解説特別活動編の第2章の第2節の4の(1)「各教科及び外国語活動との関連」には，「各教科等で『主体的・対話的で深い学び』の実現に向けた授業改善を行うためには，児童は失敗を恐れずに行動することができたり，他の児童と互いの考えを伝え合ったり協力し合ったりすることができるような，学級における児童同士の人間関係や，教師と児童の信頼関係があることが重要になる。特別活動は，学級活動における自発的，自治的な活動を中心として，学級経営の充実に資するものであり，特別活動の充実により各教科の『主体的・対話的で深い学び』が支えられるという関係にもある」と示されている。以上から，学級経営の充実や「主体的・対話的で深い学び」の実現に向けて，特別活動，特に学級活動における自発的，自治的な活動の役割は大きいと言える。

特別支援学校（知的障害）では，学級活動における自発的，自治的な活動を，学級にお

ける各教科等を合わせた指導の中でも行っているのではないだろうか。児童生徒主体の学級経営と授業の充実を図る上でも，学級活動における自発的，自治的な活動について，特別活動や学級活動の目標も含めて理解を深め，意識的・計画的に取り組みたい。

（3）学級担任と授業者との連携

授業における児童生徒と教師の関わりとして，小学部では学級担任が中心となるが，学部・学年が進むにつれて他の教師との関わりが多くなるであろう。よって，学級経営と授業を一体的に進め，共に充実するためには，「開かれた学級経営」の箇所の中で示した「学部や学年の教師との連携」の必要性が，学部・学年が進むにつれて増してくる。

以下は，筆者が中学部所属職員として国語の授業を担当したときの一場面である。

> ある日，国語の授業が終わると，A君は教室へと走っていった。A君は教室にいた学級担任に「○○先生，今日は『秋の俳句』をつくりました」と嬉しそうに話し，学級担任は「えっ，すごいね。どういう俳句」と言った。そして，A君はつくった俳句を伝え，学級担任は学んだことを次も教えてほしいと伝えるなど，やり取りが続いた。学級担任は放課後，以上の様子とA君が次の国語を楽しみにしていることを嬉しそうに伝えてくれた。

筆者は学級担任と日頃から情報交換をしていたが，この場面を通して，授業者は達成感，満足感のある授業を行い，学級担任は学びに向かう力を育むことが，学級担任と授業者の連携を促すと感じた。よって，学級経営と授業の充実を図ることは，児童生徒にとって充実した学習や生活につながるだけではなく，学級担任と授業者の連携をも促すといった好循環を生み出すと考える。なお，上記の実践では，学級担任が日頃から生徒との信頼関係づくりや開かれた学級経営に努め，授業者と情報交換していたことが基盤となっている。

3 ▶ おわりに

特別支援学校（知的障害）の実践として，授業についてはこれまで数多く紹介されているものの，学級経営については少ないと感じる。新しい学習指導要領を踏まえた学級経営を進めていただくことと併せ，学級経営の実践も大いに発信していただきたい。

〔文献〕
・文部科学省（2017）特別支援学校小学部・中学部学習指導要領
・文部科学省（2018）特別支援学校教育要領・学習指導要領解説　総則編（幼稚部・小学部・中学部）
・文部科学省（2017）小学校学習指導要領
・文部科学省（2017）小学校学習指導要領（平成29年告示）解説　特別活動編
・ハリー・ウォン，ローズマリー・ウォン著，稲垣みどり訳（2017）『世界最高の学級経営〜成果を上げる教師になるために〜』東洋館出版社
・秋田県立栗田養護学校（2011）『研究くりた』

〈清水　潤〉

第Ⅱ章
実践編

伝え合うことの楽しさを知ろう！
～おすし屋さんを開店しよう～

1 ▶ 実践の概要

本実践は，小学部低学年の児童を対象に「ごっこ遊び」活動を取り入れた国語科の授業として実施した。授業を通して教師や友達との関わり合いの中で言葉を豊かにし，自分の思いを表現する力の育成を目指した。

2 ▶ 単元の目標

（1）単元目標
・相手に伝えたいことを考え，言葉やカード，身振りなどによる表現ができる。
・相手の指示や説明を聞き，自分なりに考え，やってみようとする。
・「おすし屋さんごっこ」に関心をもち，教師や友達の言葉を聞き，自分の思いを伝えようとする。

（2）単元で働かせる「見方・考え方」
・自分の思いをどのように表現し，相手にどう伝えるかを考えられるようにする。特に，「○○ください」，「○○どうぞ」，「ありがとう」，「いただきます」など，日常生活の中でよく使う言葉の役割に気付けるようにする。
・相手とのやり取りの中で，言葉を豊かにし，想像力を広げることができ，それを楽しめるように働きかけていく。そのために，「ごっこ遊び」的な活動を取り入れ，児童の自由な発想や表現を引き出していく。

3 ▶ 単元について

（1）児童の実態

本学級は，小学部の2年生2名，3年生3名で構成されている。児童は，これまでの国語科の取組を通して，簡単な言葉やカードを用いて教師に要求を伝える場面が増えてきているが，その一方で，教師から伝えられた言葉の理解では，具体物や写真などの視覚情報を手掛かりにしていることがまだまだ多い。また，友達との関わり合いでも，自ら友達に要求を伝えたり，友達の言葉を注目して聞いたりすることは難しい。このため，教師が友達との間に入らないと，なかなか上手には関われていない。こうした実態から，国語科の授業では「ごっこ遊び」活動を取り入れ，友達と一緒に楽しく想像を広げ，自分の思いを豊かに表現することを大切にしている。

(2) 単元の設定

本単元は，教師や友達と一緒に「世界に一つだけの回転寿司店」のオープンを目指し，学習を展開する。この単元での大きなねらいは，「言葉を豊かにし，自分の気持ちを表現する力」を育むことであるが，単に語彙を増やすことを目指すのではなく，自ら言葉の使い方に関心をもち，どのように使うか考えることを大切にした。つまり，教師が決めた台詞を淡々と伝える活動ではなく，教師や友達と生き生きと関わる中でこそ自発的な言葉や豊かな表現につながり，それを生み出す活動となると考えた。

(3) 配慮事項

- 児童同士の対話的な学び（活動）を実現するために，個々の児童の得意な力を生かしたコミュニケーションが豊かになるよう支援する（例：視覚優位な児童には，カードを使い友達に要求が伝えられるように，また，動作模倣が得意な児童には，身振りで自分の気持ちを表現できるように指導するなどした）。
- 「興味・関心を高める教材」と「障害特性への配慮」の二つの観点から学習環境を構成した。特に，児童の学習意欲を高めるために，大好きな乗り物の玩具を使った回転寿司教材を作成し，併せて，障害特性に配慮する。学習の見通しがもてるようなスケジュールボードや声の大きさの変化が見て分かるタブレット端末の活用により，障害特性への配慮を行った。
- 本単元のまとめとしての校外学習を行い，実際の店舗で自分の思いを相手に伝え，相手の話を聞くことで，教室の学びを生活の中で生かすことができるように発展させていく。

4 ▶ 単元の評価規準

- 言葉やカード，身振りなどを使い，自分から相手に要求を伝えることができる。
- 自分なりにそれぞれの役になったつもりで，役に応じた行動を取ることができる。
- おすし屋さんごっこを通して，自分から教師や友達と意欲的に関わることができる。

5 ▶ 単元指導計画

時	学習内容	学習活動	育成を目指す資質・能力
1〜4	●活動に興味をもち，役割を楽しむ。	① 絵本『ノラネコぐんだん おすしやさん』を見て，お話を知る。 ② 「魚つりごっこ」をする。 ・「魚つり役」「応援役」「料理役」	★お話に出てくる役を理解し，その役になったつもりで活動を楽しむことができる。学
5〜8	●お店屋さんをしながら，教師の働きかけを受け止める。	③ 「お店屋さんごっこ」をする。 ・お茶入れ：作り方の表を読み，お茶を入れる。 ・メニューづくり：平仮名カードでメニュー表を書く。 ・接客：元気よく声を出す。	★話し言葉の理解，説明や指示に応じる。知 思 ★平仮名を読む。知 ★単語を構成する。知 ★声の大きさに気付く。知

9〜12	●自分の気持ちを表現する。 ●友達が求めていることを理解する。	④ 「おすし屋さんごっこ」をする。 ・お客さん役：選ぶ，注文する，受け取る，食べる。 ・お店屋さん役：注文を聞く，注文に応じたおすしを作る。	★教師や友達との関わり合いに親しみ，自分の気持ちを表現したり，友達の働きかけを感じたりする。思
13〜14	●店舗で何を食べたいか考え，発表する。	⑤ 店舗に行くことを知る。 ⑥ 食べたいものを発表する。 ⑦ 当日の約束を意識して，「おすし屋さんごっこ」をする。	★校外学習への期待感を高める。学 ★自分の食べたいものを考え，発表する。学
15	●実際の店舗で食べたいものが分かり，教師や友達に伝える。	⑧ 実際の店舗に行く。 ⑨ 自分の食べたいものを教師や友達に伝え，そのお寿司を食べる。	★教室の学びを生活の中で生かすことができる。学

6 ▶ 本時の展開〔第9時〕

（1）本時の目標
・自分のほしいおすしを自分なりの方法で友達に伝えることができる。
・友達の要求に気付き，それに応じることができる。
・役の違いに気付きながら，生き生きと「おすし屋さんごっこ」を楽しむことができる。

（2）本時の展開

学習活動	指導上の留意点	評価規準
導入（5分） 本時の予定を知り，見通しをもつ。		
① 学習内容を知る。 ② 絵本『ノラネコぐんだん おすしやさん』を見る。	・予定カードは視覚的に分かりやすく提示する。 ・声の抑揚や場面に応じた大きさ等に気を付け，児童の集中が持続できるようにする。	★教師の話を注目して聞き，理解している。知
展開（25分） 自分の要求を友達に伝えたり，友達からの要求を感じたりする。		
③ おすし屋さんごっこをする。 ・お店屋さん役とお客さん役に分かれる。 ・お客さん役：選ぶ，注文する，受け取る，食べる真似をする。 ・お店屋さん役：注文を聞く，注文に応じたおすしを作る。 ④ 役割交代をする。	・回転寿司教材と役割ボードを準備しておく。 ・おすしが電車で運ばれる様子を見て，学習への期待感を高める。 ・カードや身振りを使い，個々の理解・表出力に応じた支援をする。 〔お客さん役への支援〕 ・児童の自由な発想と表現方法を認め，自分の要求が相手に伝わっていることを確認する。 〔お店屋さん役への支援〕 ・友達の要求に気付けるように促す。 ・自分の力で作れる環境を整える（おすしはネタごとに分別する，作り方の手順書を示す等）。	★友達に要求を伝えることができる。知 ★友達の要求に気付き，それと同じものを作ろうとする。思

まとめ（5分）	面白かった役を発表し，学習を振り返る。	
⑤ 面白かった役を発表する。	・全員に発表する機会をつくる。うまくできたところを称賛し，次の学習の意欲につなげる。	★役の違いに気付き，学習に関心をもっている。学

7 ▶ 児童の学びの姿

写真1　学習活動の様子①

写真2　学習活動の様子②

「まぐろください！」，「はい！　お待ち！」児童の言葉が教室に飛び交う。注文に追いつかず，慌てるお店屋さん，注文した友達の様子を見て「僕もまぐろ！」と伝えるお客さんになり切っている児童の姿があった。活動が進む中で，児童は例えば友達の真似をして嬉しそうに注文してみたり，隣にいる友達に自分のお寿司を手渡したりするなど，これまでの店員さんとお客さんとの間だけであったやり取りから，さらに友達を加えてのやり取りへと関係性を発展させることができた。

言葉を，自分の思いを伝える手段としてはまだ十分に使えていない児童が，お互いに関わり合いながら学びを深めていく。そんな活動を引き出すためには，まずは興味・関心のもてる教材や自分の力を発揮できる場面を用意するといった配慮が必要であり，こうした授業の「しかけ」がうまくいったときにこそ，児童自身の達成感や学習に向かうワクワク感が育ち，明日の授業を楽しみにする児童が増えていくのではないだろうか。

〈滋賀県立三雲養護学校：安藤　宗久，清水　匠〉

◀ **本事例における「主体的・対話的で深い学び」の視点** ▶

「ごっこ遊び」は児童同士の対話，関わり合いを引き出すのに有効な学習活動である。児童の興味・関心がもてる「おすし屋さんごっこ」を取り上げたことで，主体的に取り組むことができた。電車やスケジュールボード等教材の工夫をし，個々の児童の得意なコミュニケーションに配慮することで，実態に応じた一人一人の主体的な学びに結び付いていた。多様な表出方法を取り入れることで，対話的な学びがなされるよう，考慮し配慮されている。

「主体的・対話的で深い学び」の視点を取り入れた数の概念の理解を促す学習
～買い物に行こう！ ○○は何個？ 合わせていくつ？～

1 ▶ 実践の概要

本実践は「買い物」をテーマに，数の概念の理解を促すことをねらった実践である。「深い学び」の鍵となる「対話」を三つの軸として捉え，児童の主体的な学習活動，学びの深まりを期待した。

2 ▶ 単元の目標

（1）単元目標
・文章を読んで具体物操作や加算をしたり，言葉や数による見方・考え方を日常生活に生かしたりすることができる。
・教師や友達との対話を通して，解答の確認・評価をすることができる。

（2）単元で働かせる「見方・考え方」
・児童が目的意識をもち，相互に学びを深めることで，数概念を習得・向上させること。
・教師や友達との対話を通して，相手に伝わる話し方や言葉遣いを理解したり，それらを活用して評価しながら，学びを深めたりすること。

3 ▶ 単元について

（1）児童の実態
3～6年生の児童7名で，平仮名，片仮名の理解や数概念の習得段階には実態差がある。対人面では，他者への一方的な関わりが多く，やり取りが成立しにくい児童が多い。

（2）単元の設定
生活科「金銭」の内容を導入した買い物場面で，ICT機器を活用しながら活動のイメージ化を図り，文字による指示理解や具体物操作，語彙の拡大を期待した。主体的・対話的な深い学びの鍵となる対話を，①教材との対話，②教師との対話，③友達との対話，の三つの軸で捉えた。

①は，児童が学習内容を理解し，実際に教材を操作しながらの課題解決。
②は，簡単な言葉でのやり取りを通して，適切に他者と関わるためのスキル獲得。
③は，友達との対話で解答の確認・評価を行い，主体的な授業参加や学びの深まりの実現。

以上をねらいとして日常生活で活用・般化できることを願い，本単元を設定した。

（3）配慮事項

・主体的に授業へ参加することができるように，①個別に学習をする場面，②教師とやり取りをする場面，③友達とやり取りをする場面，の3場面を設定した。
・一人一人が課題と向き合い解を導くことができるよう，課題に応じた教材で難度を設定した。
・発表者には話型カード，聞き手には教師のモデリングを手掛かりに，適切な言葉遣いや伝え方で友達との対話ができるようにした。

4 ▶ 単元の評価規準

・文章の内容を理解し，正確な具体物の操作・加算ができる。
・適切な言葉遣いや伝え方（「○円です。どうですか」）で，解答の確認・評価ができる。
・日常生活場面で積極的に数に触れたり，教師や友達と言葉で関わったりすることができる。

5 ▶ 単元指導計画

時	学習内容	学習活動	育成を目指す資質・能力
1〜3	●10までの具体物の操作が分かる。 ●簡単な言葉でのやり取りができる。 ●自分や友達の名前構成（平仮名，片仮名）ができる。	① 具体物のカウンティング ② 司会等の役割の設定。友達との必然性のある簡単なやり取り ③ 文字カードでのマッチング，並べ替え	★指示内容の理解，正確なカウンティングができる。 知 ★教師や友達と言葉を使って関わろうとしている。 学 ★文字を理解し，自分や友達の名前をカードで正しく構成できる。 知
4〜13	●話型カードを手掛かりにしたやり取りができる。 ●自分や友達の名前の書字・構成（平仮名，片仮名，漢字）ができる。	④ 話型カードを用いた解答や正誤の発表 ⑤ 書字や文字カードでのマッチング，並べ替え	★正しい言葉遣いで解答の確認・評価ができる。 思 ★教師や友達と言葉を使って関わろうとしている。 学 ★文字を理解し，自分や友達の名前を正しく書字・構成できる。 知
14〜20	●文字による複数の指示理解，10までの具体物の操作や加算ができる。 ●100円，10円硬貨の操作が分かる。 ●自ら操作した話型カードを手掛かりにした，教師や友達とのやり取りができる。 ●自分や友達の名前の書字（平仮名，片仮名，漢字）ができる。	⑥ 文字による複数指示を受けた具体物操作や加算 ⑦ 値段を見て硬貨の操作，マッチング ⑧ 穴埋め式の話型カードと単語カードを用いた解答の発表 ⑨ 自分の書きたい文字を選択・書字	★文章の内容を理解し，正しく具体物操作・加算ができる。 知 ★文章の内容を理解し，正しい金額の硬貨を出せる。 知 ★話型カードで正しく文章をつくり，教師や友達に発表することができる。 思 ★教師や友達と言葉を使って関わることができる。 学 ★自分や友達の名前を正しく書くことができる。 知

6 ▶ 本時の展開〔第10時〕

(1) 本時の目標
- 二語文を読んで、10までの具体物操作や繰り上がりのない加算をすることができる。
- 話型カードを手掛かりに、「○個です、どうですか」、「合っています」等と、教師や友達とやり取りをしながら、解答を確かめたり、評価したりすることができる。
- 積極的に課題に取り組んだり、他者と言葉でやり取りをしたりすることができる。

(2) 本時の展開

学習活動	指導上の留意点	評価規準
導入（5分）　本時の学習内容を理解する。		
	・内容をよりよく理解するため、プレゼンテーションソフトと大型テレビを活用する。 ・目的意識をもって活動することができるように、本時のテーマの食べ物を選択するように促す。 ・「食材がないから買い物に行こう」という必然性を示す。	★教師や友達と言葉を使って関わろうとしたりする姿が見られる。学
展開①（25分）　文章を読んで具体物を操作したり、加算をしたりする。		
机上で学習する様子 発表者 解答を確かめ合う児童	・個の教育的ニーズに応じて学習できるよう、予め指示文内容や分量を調節しておく。 ・発表者：話型カードを用いて、適切な伝え方で発表を行う。 ・聞き手：教師のモデリングを手掛かりに、適切な伝え方で評価をする。 ・全員で解答を確認することで、学びの深まりが実現できるようにする。	★二語文で示す指示を理解して、正しく具体物操作をしたり、加算での計算をしたりすることができる。知 ★正しい言葉遣いや伝え方で、教師や友達とやり取りをしながら、解答を確かめたり、評価したりすることができる。思 ★教師や友達と言葉を使って関わろうとしたりする姿が見られる。学
展開②（10分）　平仮名、片仮名、漢字による、単語の構成課題に取り組む。		
	・個の教育的ニーズに応じて学習できるよう、文字の種類や取り組み方を複数設定しておく。	★積極的に課題に取り組もうとする姿が見られる。学

まとめ（5分） 教材の片付け，挨拶をする。		
	・司会の児童が「○○をしてください」等と伝え，必然性のある児童同士の対話の場面を設定する。	★教師や友達と言葉を使って関わろうとしたりする姿が見られる。 学

7 ▶ 児童の学びの姿

　三つの「対話」を通して，相互に学びを深め合うようになった。

　発表者の解答が誤っていると，聞き手側が「○○君，もう1回」と伝えたり，隣席の児童に取り組むべき箇所を教えたりする等，相互に学び合い，気付きを与え合う姿が見られた。児童が相互に関わり合い，課題解決を導くことができるような環境設定により，全員が主体的に

次はこれだよ

課題と向き合い，学びを深め合うことが可能となった。今後も，三つの対話を軸とした授業実践に取り組み，児童が相互に学び合い，深め合う姿を引き出していきたい。

〈岡山県立岡山西支援学校：余財 奈美〉

◀ **本事例における「主体的・対話的で深い学び」の視点** ▶

身近な「買い物」をテーマに，文章の内容を理解し，正しい具体物操作や加算をすることをねらった学習である。学習活動の中で特に「対話」を重視することで，主体的に参加し，児童同士が互いに学びを深め合う学習となっている。単に知識や技能を習得，活用することのみにとどまらず，対話を重視した場面によって，他者への気付きや自分自身への振り返りまで発展させ，「深い学び」につなげることを可能にしている。

「わかる！」「できる！」
みんな一緒だからこそ楽しい音楽の授業づくり
～音で響き合う　動きでわかり合う～

1 ▶ 実践の概要

　小学部音楽科2段階の指導として，児童に達成させたい課題をシンプルに伝え，聴いただけで思わずそのように表現したくなる分かりやすい教材を用いると，それぞれが自分の理解ややり方で主体的に参加でき，全体として音の調和が取れ，「楽しい」，「できた」を味わうことができる。特別な指示がなくても，動きや音を意識し，感じ，自分自身や他の児童，音そのものと対話しながら自分の表現を広げていけるような音楽の授業を目指す。

2 ▶ 単元の目標

（1）単元目標
・大太鼓，小太鼓の音の特性を生かし，歌に合わせて叩くことができる。
・身体表現，楽器演奏を通し，自分なりの表現をすることができる。
・友達の気持ちや動きを感じ取り，適度に関わり合い，一緒に楽しむことができる。

（2）単元で働かせる「見方・考え方」
・大太鼓，小太鼓の楽器の特性を踏まえ，全体の調和の中でそれぞれの「音」の役割に気付き，それを表現するにふさわしい演奏の仕方を捉える。
・一つの歌のリズムやメロディを共有することにより，お互いの気持ちや動きを感じ，心地よく関わり合う経験の中から，他者との主体的な関わりについて考える。

3 ▶ 単元について

（1）児童の実態
　知的障害に加えて発達障害の傾向を併せ有する児童が多く，障害の様子や学習の段階は幅が広い。身体表現では，簡単な数種類の動作を組み合わせられる児童もいるが，簡単な動作を繰り返したり自分の身体の部位を叩いたりすることで表現する児童が多い。楽器演奏では，教師の見本を見たり視覚的な手掛かりを用いたりして自分で演奏できる児童もいるが，部分的な支援が必要な児童も多数いる。友達と一緒に動く歌遊びでは，手をつないで回ったり，肩につかまって連なったりなどの動きにおいて，自分からつながることや，力を加減して手をつなぐことが難しい児童もおり，適宜教師が間に入るなどの支援が必要である。

（2）単元の設定
　二人組もしくは全員での遊び歌では，「音楽（歌）」を共有することで，動作のタイミン

グや動作の仕方が明確になり，楽しい気持ちの中で自然な動作や関わり合いを引き出すことができる。日常生活の中では，相手の動きを意識したり，友達と一緒に動いたりすることが苦手な児童たちだからこそ，心地よく関わり合うことを経験する機会としたい。

大太鼓，小太鼓は，叩くと音が出るため，扱いやすい楽器である。大太鼓の音は低く長く響き，演奏の底を支える役割，小太鼓の音は高く短く響き，拍を刻む，リズム感を表現する役割がある。それぞれの音の特性を感じ取り，それを生かした演奏を目指し，二つの楽器の音が重なる面白さを感じてほしい。後半は掛け合うように演奏することで，相手の音を必然的に聞き，それに呼応して自分が演奏するタイミングを計れるようにしたい。

（3）配慮事項

- 一つの歌に個々の実態に応じた教材や支援を用意しておくことで，それぞれが「自分でできる」ことを一つに合わせて，調和した音や動作を生み出し，一体感を味わう。
- 適度な距離や力加減で友達と関わることの課題に直接的な指導をするのではなく，歌に意識を向け，楽しい気持ちで自然に児童同士が関われるようにする。

4 ▶ 単元の評価規準

- 必要な手掛かりを用い，歌に合わせて大太鼓，小太鼓を演奏することができる。
- 歌詞に表されている動きを，動作や演奏で表現することができる。
- 友達と協調した動きをすることで，一緒にゲームを楽しむことができる。

5 ▶ 単元指導計画

時	学習内容	学習活動	育成を目指す資質・能力
1	●身体表現 ・「ブンチャッチャッチャ」 （楽譜1）	① 二人組になり，相手の動きを感じながら手遊びを楽しむ。 ② 大太鼓，小太鼓のリズムを理解し，歌に合わせて演奏する。 ③ 歌に合わせ全員で動き，ゲームを楽しむ。	★単元で扱う教材の内容を知り，やってみようとする。 学
2〜4	●楽器演奏 ・「ドラムドラム」（楽譜2） ●みんなで動く ・「七匹の子やぎ」		★取り組む内容を理解し，自分なりの表現や演奏をし，太鼓演奏のスキルを高める。 知
5		④ グループごとに発表する。友達の演奏を聴く。	★前に出て演じることを意識し，上手に演じようとする。 表

6 ▶ 本時の展開〔第3時〕

（1）本時の目標

- 大太鼓，小太鼓それぞれの演奏の仕方を覚え，歌に合わせて叩くことができる。
- 友達の動きを感じながら適度な力加減で手を合わせたり，輪になって歩いたりすることで，身体表現やゲームを楽しむことができる。

（2）本時の展開

学習活動	指導上の留意点	評価規準
導入（10分） 挨拶，内容を知る		
① はじまりの挨拶（日直） ② テーマソング「ドドレミおんがく」 ・内容の確認	・日直と共に挨拶をすることを促す。 ・リーダーの教師が児童の席を順に回り，歌中に名前を呼び，タンバリンを鳴らすことでの返事を促す。 ・項目のカードを一つずつ示す。	★日直やリーダーの教師に注目し，応じた行動が取れる。学
展開（30分） 表現活動，楽器演奏		
③ 身体表現 ・「ブンチャッチャッチャ」（楽譜1） ④ 楽器演奏 ・「ドラムドラム」（楽譜2） ⑤ みんなで動く ・「七匹の子やぎ」	・二人組で行う。自ら動ける同士，リードする人とされる人，など組み合わせを工夫する。 ・教師の演奏見本や，色丸を付けて叩く箇所を示した歌詞を見せる，合図を出すなど，叩き方の理解を促す。 ・子やぎ，オオカミそれぞれの役を理解し，ゲームとして楽しむように雰囲気をつくる。	★歌詞に合わせた動作ができる。表 ★歌のリズムに合わせて演奏できる。表 ★友達と動きを合わせて楽しめる。学
まとめ（5分） 振り返り，予告		
⑥ 内容を振り返り，報告をする。 ⑦ 次回の授業の予告	・使用した実物を示し，思い出すきっかけをつくる。児童からの発言を促す。 ・カードを示しながら話す。	★活動を思い出し，伝えることができる。学

7 ▶ 児童の学びの姿

　この単元で用いている教材は，歌詞やメロディそのものが動作やリズムを表しており，練習を重ねたり解説をしたりしなくても直感的にやるべきことが分かるように工夫されている。さらに個々の課題に合わせた支援を用意することで，自分で分かり，自分で表現できるという喜びが「楽しい」，「やりたい」という主体的な参加につながる。「教材に子供を合わせる」のではなく，到達してほしい児童の姿をしっかりイメージし，分かりやすい教材を通して児童が主体的にアプローチし，自分で分かって「できる」経験を通して身に付けていくという方向性が大切であると考えている。

　A児は，太鼓を叩く際に力が入り，リズムも速くなりがちだった。リズムや拍の指導では，とかく音を発する（打つ）タイミングに意識が向きがちだが，実は次の音までの「間」が重要である。バチの動きを大きな弧

楽譜1　ブンチャッチャッチャ

を描くようにしたり，休拍は空振りをする動作を入れたりと，「間」を視覚化，動作化することにより，次の打音までの必然的な時間の経過をつくることが自分で演奏できることにつながっていく。A児にも，バチで大きな弧を描いて動かすように伝えたことで，大太鼓の長い「間」に合わせて演奏できるようになった。

このように，楽器を演奏することはボディイメージや体の部位のコントロール，全身の協調性などとも深く関連している。逆に，体の使い方の指導に楽器演奏を活用することができる。できているかどうかが音となってフィードバックできることが利点と言える。

楽譜2　ドラムドラム

個々に楽器演奏や身体表現の課題が違っていても，一つの場所，歌を共有して一緒に行うことにとても意味がある。手をつないで輪になって歩くこと，捕まえたり捕まったりの鬼遊びなど，みんなと一緒だからこそできる。友達の動きを見て真似をしたり，肩につかまって連なって歩いたりすることは，自分の体の運動企画や力の入れ方の調節の学びとなる。普段関わりの少ない友達とも思わず手をつないだり，顔を見合わせて笑ったり，また，テンポが速くなったり遅くなったり，大きくなったり小さくなったりと，音の変化に合わせてみんなと一緒に動くことは対話的な学びとなる。日常ではなかなか引き出せないことも，音楽によって，動きの継続やテンポのコントロールなどが分かりやすくみんなに伝わり，自然につながりが生まれ，それこそが音楽の授業の深い学びの中身となっている。

〔参考〕
・著者作成の音楽教材サイト「うたのレシピ　障がいのある子のコミュニケーションを育てる」
　http://utarecipe.wp.xdomain.jp/

〈横浜市立本郷特別支援学校：林　尚美〉

◀　**本事例における「主体的・対話的で深い学び」の視点**　▶

音楽の学習では，リズムやメロディを共有したり，身体表現や楽器を演奏したりすることを通じて，自分なりの表現を引き出すことができる。本事例では，大太鼓や小太鼓など，直感的にやるべきことが分かる教材を工夫することで，自分で分かり，自分で表現できる活動になるよう配慮されている。その成果として，主体的に学習する楽しさに結び付き，友達と分かち合いたいという心情を引き出し，対話的なやり取りにつながっている。

「やってみたい！」から生まれる主体的な学び
～ハッピーランドにレッツゴー！～

1 ▶ 実践の概要

　本実践では，「ハッピーランド」をテーマに，児童が夢中になって楽しく遊ぶことができる遊び場を庭の各箇所に配置した。
　遊び方に「○○をしなければならない」，「○○をしてはいけない」などの制限を極力設けないことで，児童自身が考え，工夫をしながら遊びを展開していくことにつなげるとともに，児童同士の関わりが自然と生まれるようになることを目指した。

2 ▶ 単元の目標

・いろいろな素材に触れて遊ぶことができる。
・教師と一緒に，集団での造形遊びに参加することができる。
・思ったことや考えたこと，要求を伝えることなどを言葉やカードを使って表現することができる。

3 ▶ 単元について

（1）児童の実態

　本学級には，第1学年の児童2名と第2学年の児童3名の計5名が在籍しており，そのうち4名は自閉症と知的障害を併せ有している。
　第2学年の児童は1年時に片栗粉や小麦粉粘土などを使った感覚遊びを繰り返し行っている。入学当初はどのように遊んでいいか分からず，教師から提示された遊びを提示されたとおりの方法で遊ぶことが多かったが，いろいろな素材に触れ，いろいろな遊び方を教師と一緒に行っていくことで，徐々に遊び方のレパートリーが増えていくとともに，一つの素材で遊ぶことができる時間が延びていった。
　今年度はクラスに2名の第1学年の児童が加わり，複式学級としてスタートした。

（2）単元の設定

　新1年生が加わり，新体制となってスタートした本学級である。授業の流れが明確で視覚化されているほうが児童が安心して授業に臨むことができるということがあり，教師主導で活動を行うことが多かった。
　しかし，それが本当に児童にとっての「遊び」になっているか，児童の主体的な学びにつながっているかという点において疑問を感じるようになった。それに加え，少しずつではあるが，スケジュール化された授業の中で，第2学年の児童が第1学年の児童に遊び方

を教えたり，第1学年の児童が第2学年の児童の真似をして遊んだりすることが増えてきた。

そこで，今回，「ハッピーランドにレッツゴー」という単元において，できるだけ少ない制限の中で児童が夢中になって遊ぶことができる学習環境を整備することで，児童同士の関わりや児童主体の学びが生まれていくのではないかと考えた。

（3）配慮事項

- いつも遊んでいる庭の変化（砂場があること，ビニールプールがあることなど）に児童自ら気付けるようにする。そのため，あくまで遊びの一貫として，自然な流れで活動に入れるようにする。
- 道具や遊具を活用して，工夫しながら遊べるような配置にする（滑り台の上に，水が入ったバケツを置いておくなど）。
- 教師は遊び方を指定しない。新しい遊び方を見つけられるように支援していく。

4 ▶ 単元の評価規準

- 砂や水，絵の具などの素材に触れて遊ぶことができる。
- 教師と一緒に素材に触れたり，友達と同じ場所で遊んだりすることができる。
- やってみたい遊びを，イラストカードを選択することで，教師や友達に伝えることができる。

5 ▶ 単元指導計画

時	学習内容	学習活動	育成を目指す資質・能力
1〜6	●素材を選んで遊ぶこと。	① 水，紙，片栗粉，紙粘土，砂などの中から素材を選んで遊ぶ。	★素材に触れて遊ぶ。知 ★思ったことや考えたこと，要求などを言葉やカードを使って表現する。思
7〜8	●教師や友達と一緒に遊ぶこと。 ●素材を工夫して遊ぶこと。	② 教師や友達を意識しながら遊ぶ。 ③ 素材を組み合わせながら工夫して遊ぶ。	★友達や教師と関わって遊ぼうとする。学 ★素材を使って工夫しながら遊ぶ。思

6 ▶ 本時の展開〔第8時〕

（1）本時の目標

- 教師や友達を意識して遊ぶことができる。
- 素材を組み合わせて，工夫して遊ぶことができる。

（2）本時の展開

学習活動	指導上の留意点	評価規準
導入（5分） 見てみよう		
① ベランダから庭の様子を見る。	・庭の様子が普段と異なることに児童が気付くまで待つ。 ・児童から「行ってみたい」などの発言があった後，庭に誘導する。	
展開（80分） ハッピーランドで遊ぼう		
② ハッピーランドで遊ぶ。	・道具や遊具を活用して工夫しながら遊べるような配置にする（滑り台の上に，水が入ったバケツを置いておくなど）。 ・教師は遊び方を指示しない。新しい遊び方を見つけることを支援し，遊び方の見本は見せないようにする。	★友達や教師と関わって遊ぼうとする。[学] ★素材を使って工夫しながら遊ぶ。[思]
まとめ（20分） 楽しかったね		
③ 体を洗ったり服を着替えたりする。	・気持ちが落ち着くように，オルゴールの曲を流しておく。 ・曲が終わったら教室に帰るよう伝える。 ・「楽しかったね」や「また遊びたいね」などの児童の発言を共有する。	

7 ▶ 児童の学びの姿

実践の中での児童の変化を次のようにまとめた。

- 「ダメ」，「触らないで」などの活動を制限する指示を教師がしなかったことで，普段に比べて児童が自由にのびのびと遊ぶことができた。
- 一つの素材を使った造形遊びではすぐに飽きてしまう児童でも，複数の素材を組み合わせて新しい遊びを見つけながら遊ぶことができた。

写真1 普段関わることがほとんどなかった2人が，同じ場所で同じ素材を使って遊んでいる様子

- 普段関わることがほとんどなかった児童同士が，同じ場所で，同じ素材を使って遊ぶことができた。
- 遊具の貸し借りや児童同士の交流が盛んに行われた。
- 物の取り合いをするなど，解決のために友達に気持ちを伝えなければならない場面が多く生まれた。

この実践を終えた頃から，児童が教師と一緒に遊ぶ段階から，友達と一緒に遊ぶ段階に移行してきているように感じることが多くなった。

児童の日常的な言動を基に教師が授業の方法性を見定め，児童が主体となって友達と関

わったり新しい発見をしたりしていけるような授業の工夫をしながら，今後も指導に当たっていきたい。

〈前 広島県立呉特別支援学校：杉本 萌〉

◀ **本事例における「主体的・対話的で深い学び」の視点** ▶

可能な限り少ない制限の中で，児童が自ら考えながら遊びを展開していくための学習環境を整備したことにより，児童同士の豊かな関わりや主体的な学びが見られた事例である。教師は遊び方の見本を提示せず，児童自ら遊び方に気付けるよう支援することにより，児童同士の関わりの場面が自然とつくられ，感情の動きが起こり，主体的な活動へと結び付いた。そこにはよく練られた教師の意図があり，児童の実態に即した工夫がある。

自分から動き，考える力を育む生活単元学習
~めざせ!! ゴルフ名人~

1 ▶ 実践の概要

　本単元は，様々なゴルフ遊びを経験しながら，ゴルフ名人を目指して活動するものである。ゴルフ遊びには，ルールが分かりやすいだけでなく，工夫を加えながら遊ぶことができるという特長がある。遊びを通して，上手になるために打ち方や力加減を考えたり，友達や教師ともっと楽しく遊ぶためにどのようにしたらよいのかを相談したりする場面が生まれ，ゴルフ遊びの魅力や友達と一緒に遊ぶ楽しさを味わうことができた実践である。

2 ▶ 単元の目標

（1）単元目標
・4種類のゲームの遊び方が分かり，約束を守って活動することができる。
・力を加減したり，方向を調整したりしてボールを打つことができる。
・遊びたいコーナーを選択したり，障害物の置き方を考えてゴルフコースをつくったりして遊び，楽しかったことや感じたことを自分なりに表現することができる。
・ゴルフ遊びに興味をもち，自分から遊びに参加することができる。

（2）単元で働かせる「見方・考え方」
　体育の「見方・考え方」である，生涯にわたる豊かなスポーツライフの実現をする観点を踏まえ，次の2点とした。
・ゴルフ遊びの基本的なルールや，自分の打ち方のよい点や直したい点が分かり，上達するためにどうしたらよいかを考えて活動することができる。
・運動することの楽しさや友達と同じことに取り組む面白さに気付いたり，スポーツを通して，自然な関わりを楽しんだりすることができる。

3 ▶ 単元について

（1）児童の実態
　本集団は，3年生7名，4年生9名で構成されている。集団の特徴としては，友達同士で関わり合いながら楽しく活動できる児童が多い。適切に関わることが難しい児童には，教師が個別に支援をすることで，一緒に活動できるようにしている。
　活動への関心については，興味のあることにじっくりと取り組む児童，新しい活動を好み，様々な活動にチャレンジする児童の大きく二つの実態によって分けることができる。

（2）単元の設定

　本校では，地域資源（人，施設，物，自然）を活用した学習を「つながり学習」と呼び，近隣の方々と活動したり，地域の施設を利用したりする学習を通して，地域の中で自分らしく生活できる力の育成を行っている。中でも，小学部を，人と関わるための基礎づくりの段階であると押さえ，本単元では，「人と関わる力の拡大」を視点に単元を設定した。まず，自分たちがゴルフ遊びを存分に楽しむことで，「今度は，もっと多くの人に教えたい」という思いを引き出し，11月の学校祭に向けての単元で，地域のお客さんをゴルフ遊びでもてなすことで，さらに充実した関わりに発展させたいと願った。

（3）配慮事項

- 関わりの少ない異学年の友達と関わる楽しさを味わうことができるようにし，関わりを広げたり，深めたりする単元として押さえる。
- 自信をもって活動する姿や自分たちで考えたり工夫したりする姿を引き出すために，がんばりや工夫を認める言葉かけをしたり，児童からの動き出しを待つ姿勢で指導したりする。

4 ▶ 単元の評価規準

- ゲームの遊び方が分かり，約束を守って活動することができる。
- 遊び方やルールを理解し，力を加減したり，方向を調整したりしてボールを打つことができる。
- 遊びたいコーナーを選択したり，障害物の置き方を考えてゴルフコースをつくったりして遊び，楽しかったことや感じたことを自分なりに表現することができる。
- ゴルフ遊びに興味をもち，自分から遊びに参加することができる。

5 ▶ 単元指導計画

時	学習内容	学習活動	育成を目指す資質・能力
1〜5	●昨年度，地域のグラウンドゴルフ愛好会の方と行った活動を思い出す（4年のみ）。 ●道具の使い方を知り，四つのコーナーでゴルフ遊びをする。	① 昨年度の写真を見たり，実際にグラウンドゴルフを行ったりする。 ② 4年生が3年生をゴルフ遊びに誘い，遊び方を教え，一緒に遊ぶ。	★昨年のことを思い起こし，自分からグラウンドゴルフに参加する。学 ★ゴルフ遊びの基本的な道具の使い方や打ち方が分かる。知
6〜11	●障害物を置き，ゴルフコースをつくって遊ぶ。 ●自分でコーナーを選択し，ゴルフ遊びをする。	③ 自分たちでつくったコースや好きなコーナーで遊ぶ。上手にできたらシールをもらう。	★障害物の置き方を考えてコースをつくる。思 ★遊びたいコーナーを選択して活動する。思
12〜13	●自分で選択したコーナーでプレーを発表する。 ●発表を全員で見合う。	④ 自分で参加したいゲームを選び，挑戦する。 ⑤ 大会を振り返り，自分や友達の評価を行う。	★友達のよいところを見つけたり，それを取り入れたりする。思

6 ▶ 本時の展開〔第9時〕

（1） 本時の目標
- ゲームの遊び方や楽しく遊ぶための約束を理解して活動することができる。
- 力を加減したり，方向を調整したりして，ボールを打つことができる。
- 「名人カード」を見ることで，うまく入れる方法が分かり，友達に伝えながら遊ぶことができる。
- 自分からゴルフ遊びに参加することができる。

（2） 本時の展開

学習活動	指導上の留意点	評価規準
導入（5分）　前時のことを思い出すとともに，がんばることや約束等を共有する。		
① 楽しみなこと，がんばることを発表し，約束を確認する。	・多くの児童が発言できるよう留意し，意欲を引き出す場面とする。 ・児童の発言を引き出すために「約束」のヒントとなる絵カードを提示する。	★自分から遊びに参加し，名人になることやシールをもらうことに意欲をもつ。学 ★友達と楽しく遊ぶための約束が分かる。知
展開（30分）　遊びたいゲームコーナーを選んで，友達と活動する。		
② ゲームコーナー（4種類）に移動して活動する。	・上達するポイントを記した「名人カード」を各コーナーに設置する。 ・四つのコーナーにスムーズに移動できるよう，各教室や廊下に教師を配置する。	★力を加減したり方向を調整したりして打つことができ，約束を守って遊ぶことができる。知 ★「名人カード」を見て，うまく入れる方法が分かり，友達と一緒に遊ぶ。思
まとめ（10分）　楽しかったこと，がんばったことを全員で共有する。		
③ 楽しかったこと，がんばったことを発表する。 ④ 片付けをする。	・がんばっていた児童を発表し，全員で認め合う場を設定する。	★友達のがんばりを知り，よいところを取り入れることができる。思

7 ▶ 児童の学びの姿

　3年生男子M君のあらわれを紹介する。

（1） ゴルフ遊びって楽しい！：第一次

　4種類のコーナーの中で，より本物に近いゴルフ遊び「ナイスインゲーム」に夢中になって取り組んだ。本児のよさである「難しいものにも挑戦できる力」を発揮できるよう，他のコーナーを巡ることも勧めたところ，他のゴルフ遊びも楽しむことができた。自分の好きなコーナーで十分に遊び，気持ちが満たされ，ゴルフ遊びについて自信をもつことができたことで，他の遊びにも挑戦しようという思いが芽生えたのだと考える。様々なコーナーで楽しん

写真1　M君の授業の様子

で遊んでいることを友達の前で紹介すると笑顔になり，成就感を味わっている様子だった。そしてここからさらに活動が発展していった。

（2）もっと楽しくするには？：第二次

次の段階では，障害物を置いてオリジナルのゴルフコースをつくる遊びに興味をもち，時間いっぱい集中して取り組んだ。友達や教師とうまく入れる方法を考えることが面白く，スムーズにボールが入らなくても納得できるまで工夫をし続けることができたのである。この段階で，大好きなゴルフで「もっと楽しく遊びたい」という気持ちが育ってきたことが考えられる。

（3）ゴルフが上手になったね。名人誕生！：第三次

得意なコースでプレーを発表し合う大会を行った。友達の前で，上手にボールを打つことができ，たくさんの称賛を受けただけでなく，これまで集めてきたシールが目標数に達したことで，名人の証であるサンバイザーをもらうことができた。これまでのがんばりを改めて認めてもらい，大きな達成感を味わうことができたところで，本単元が終了した。

（4）M君のその後：学校祭で大活躍

本単元後に行った学校祭に向けた単元では，本単元の経験を生かし，地域の住民（お客さん）をゴルフ遊びでもてなすブースを設置した。ゴルフ遊びを十分に楽しみ，自信を付けたM君。当日は，多くの方々に，うまく打つための合い言葉を大きな声で伝え，笑顔で打ち方のアドバイスをしたりすることができた。身に付けたことや今まで自分たちがやってきたことを生かし，自分からおもてなしをすることができたのである。地域の方々とM君がゴルフ遊びを通してつながり，楽しく関わることができた場面である。

〈静岡県立吉田特別支援学校：齋藤　香〉

◀ 本事例における「主体的・対話的で深い学びの視点」 ▶

ルールが分かりやすく楽しいスポーツであるゴルフを通じ，「もっとうまくなりたい」，「友達にも伝えたい」という主体的・対話的な活動に結び付けることができた事例である。「名人カード」や複数のコーナーの設置などにより，活動に対する自信や挑戦する気持ちを引き出している。事後学習で地域の住民をお客様として招いた際，自信をもって関わり，学んだことを発揮しようとする様子が見られたことは，本単元の大きな成果である。

私たちの町・「大月市」を見てみよう，くわしく知ろう
～出かけてみよう，作ってみよう，わたしたちの「大月市」～

1 ▶ 実践の概要

身の回りのことから学校周辺へと興味が広がりつつある生徒の実態から，学校所在地である大月市を題材にした学習を行い興味の伸張を目指した。学校から市内までを動画で再現した模擬バス乗車，イラスト地図作り，ジオラマ作りによる立体的な町作りを基に，学習を整理することにより，生徒は地域に興味や関心をもち，意味のある景色へと変えていった。

2 ▶ 単元の目標

（1）単元目標

- 学校所在地の市内の様子について，興味や関心をもち，どんな建物があるか知る。
- 災害や事故場面を想起し，どんな施設（建物）が必要か考えることで，施設とその役割を関連付ける。
- 生活拠点である地域への愛着をもつとともに，地域の一員であることに気付く。

（2）単元で働かせる「見方・考え方」

- 生活経験を基に，生徒に馴染みのある（商業施設を中心とした）建物にあるものを想起することで，その役割や存在の意味を考えるとともに，意識的に地域を見る。
- 火事，病気などのときにはどこへ行くか想起することで，公共施設（消防署，病院等）に目を向け，その存在に気付いたり，役割の意味を考えたりする。

3 ▶ 単元について

（1）生徒の実態

中学部1年生4名，2年生2名，3年生1名の計7名で学習している。家庭・学校生活等での，身の回りの出来事について知識や理解が概ねある。一方で，社会の様子や出来事など，身の回りのさらに一歩外のことへの興味や関心が乏しい生徒が多い。

2，3年生の生徒は前年度，学校の周辺の様子を題材に簡単な地図を利用した探検活動を行い，少しずつその興味の幅を広げつつある。そのうち2名の生徒は社会の様子に興味があるが知識が断片的であったり，言葉の表層のみの理解であったりする。それ以外の5名の生徒は，言葉をイメージにつなげることが難しいため，実体験を伴った学習が必要である。

（2）単元の設定

身の回りのことから学校周辺へと興味が広がりつつある実態から，さらにその一歩外である大月市内へと興味や関心を広げたいと考えた。また，本単元の学習時期は，生徒が地域交流で市内小・中学校音楽発表会参加のため，2回ほど市内へバスに乗車して出掛けていた。この経験を学習に取り入れることで，より実体験を伴った学習が可能となり，上述したねらいを達成する学習効果が期待できると考えた。学校生活上の経験と学習とを結び付けたり，整理したりしていく絶好の機会と捉えたため，本単元を設定した。

（3）配慮事項

・ゲーム感覚が学習への意欲を引き出すことから，バスの経路を動画で再現した模擬バスへの乗車体験を取り入れ，車窓から見える景色に注目するようにした。
・道路や川のみを記入した平面地図を用意し，写真を貼ったり，イラストを描き加えたりすることで，見えた景色を基に地図を作成し，市内の様子がより分かりやすくイメージできるよう工夫をした。
・手を動かすことが得意な生徒が多いこと，自分の手が加わることにより愛着をもって教材を見られることが期待できること，の2点から，建物の簡単な模型を作成するようにした。

4 ▶ 単元の評価規準

・市内の様子を映した動画や写真を見て，どのような建物があるかを見つけようとしている。
・災害や事故の言葉やイラストを見て，何の施設が必要か考えたり，その理由を述べたりしようとしている。
・イラスト地図や模型に様子を詳しく描こうとしたり，ジオラマにある建物や人を大切に取り扱おうとしたりしている。

5 ▶ 単元指導計画

時	学習内容	学習活動	育成を目指す資質・能力
1	●学校から大月市中心部(大月市民会館)までの道のりを振り返り，建物に注目する。	① 動画と運転手帽子，ハンドルを使用した模擬バスに乗車する。 ② 建物を発見する。動画を止め，名称を写真とともにシートに記録する。	★動画を見て，建物は何があるか見つけようとしている。知
2～3	●模擬バスの車窓（動画）から見つけた建物の写真を貼り，地図を作る。 ●各人が作成した地図を発表する。	③ 地図（道路，川記入済み）に写真を貼ったり，絵を描き足したりする。 ④ 書画カメラで拡大して映し，学校から順に建物の名称を発表する。	★地図に学校や自分の家，見つけた建物を詳しく貼ろうとしている。学 ★映し出された地図を見ようとしている，また，描き足そうとしている。知

時	学習活動	指導上の留意点	評価規準
4〜5	●地図の中から興味のある建物を二つ選び，簡単な模型を作成する。 ●建物の名称，何があるか，誰がいるか，何をするところか，を紙に記入する。	⑤ 何があるか想起する。または，写真を見て，牛乳パックに建物の様子を描く。 ⑥ 質問項目を記載した紙に答えていく。不明なことはタブレット端末で調べる。	★建物にあるものに気付き，それらを詳しく描こうとしている。学 ★質問に答えようとしている。また，調べて知ろうとしている。知 思
6〜7	●作った模型を長机に置き，全員の合作による大月市のジオラマを作る。 ●ジオラマに模型のバスを走らせる。興味のあるところで止め，建物を知る。	⑦ 道路，線路等は予め教師が用意した上で，配置する。配置した理由も述べる。 ⑧ バスを建物前で止め，作成者から説明を受け，内容を紙に記入する。	★道路や線路から判断し，模型を置き，理由を述べようとする。思 ★自らが作った建物以外の建物の様子を知ろうとする。知
8〜9	●災害や事故のときにどんな建物（施設）が必要か考える。	⑧ 教師が「さらに安心して生活するにはどうしたらいいか」と災害や事故を問題提起する。	★災害・事故場面から何が必要か考えようとしている。思

6 ▶ 本時の展開〔第8時〕

（1）本時の目標

・通信や災害や事故などの場面を想起し，そのために町にはどんな施設があるのか，また必要なのかを考える。

・上記の施設の名称や役割を知るとともに，安心な町づくりのために必要であることを知る。

（2）本時の展開

学習活動	指導上の留意点	評価規準
導入（15分）　前時を振り返り，こんなときはどこに行くか，何を呼ぶか考える。		
① 前時を振り返り，こんなときはどこに行くのか，何を呼ぶのか考える。	・郵便，病気，火事，盗難等，具体的な場面のイラストを黒板に貼る。 ・どこに行くか，何が来るか発問する。 ・施設を想起できる発問をし（例：「救急車はどこから来るか」等），発言を板書する。	★災害や事故場面から，どんな施設が必要か考えようとしている。思
展開（20分）　上記の必要な施設の模型を作成し，内容を詳しく知る。		
② 建物の模型に内容物を貼る（例：郵便ポスト等）。 ※既習知識のある生徒は，他に必要なものを考える。 ③ 完成した模型をジオラマの中に加える。	・病院，警察，消防署，宅配便，郵便局の建物のみ予め作っておく。 ・生徒は，その施設に何があるのか，写真から発見し，それを切り抜く。 ・切り抜いたものを建物に貼る。 ・何があるのかシートに記入する。 ※二人一組で考え，その模型を作成する（例：ゴミ処理場）。 ・置いた模型に名称や内容物の表示を置く。	★各施設に興味をもち，内容物を発見しようとしている。知 ★必要なものとその理由を考えている。思 ★ジオラマの建物を大切に取り扱っている。学
まとめ（10分）　上記の施設により安心な町がつくられていることを知る。		
④ 災害や事故場面に，この町（ジオラマ）が対応できることを確かめる。	・災害や事故場面をつくり，対応する施設の制作者が挙手をする。 ・内容物に注目し，「○○があるから大丈夫」のように役割を確認できるようにする。	★災害や事故場面に必要な施設やその内容物を発言する。知

7 ▶ 生徒の学びの姿

　動画による模擬バス乗車の際,「神社の門（鳥居）があるからこの先に神社があるよ」,「駅の看板だ。（曲がって）駅に行きたい」等,教師が想定した以上の気付きがあった。興味・関心が限定している生徒もこれらの発言に刺激を受け,「薬」（薬局）,「イトウさん」（写真店）と言い,地域に目を向けている様子が見られた。模型作成では,お店にあるものを事細かに描く生徒もおり,生活場面を想起している姿が見られた。模型をジオラマに置く際には,看板が見えるように,また入口が道路に面するように工夫する様子が見られ,生徒にとって愛着のあるジオラマ「大月市」ができ上がった。

写真1　ジオラマの「大月市」探検をする生徒

　しかし,生徒目線であるため,商業施設ばかりになっていた。そこで,公共施設に着目するために,副たる役割の教師から「さらに安心して生活するにはどうしたらよいか」と発問をした。生徒は「安心」をキーワードに災害場面を想起し,病院や消防署の存在に気付いていった。そうすることで,教師の想定以外に「ゴミ処理場」や「図書館」も加わった。今後,公共施設という視点で詳しく学習することが期待される。

〈山梨県立やまびこ支援学校：佐野　友俊〉

◀ **本事例における「主体的・対話的で深い学び」の視点** ▶

動画を活用した模擬体験やイラスト地図作り,ジオラマ作り等,多様な教材や方法の工夫によって,生徒が日常生活での経験を生かして具体的に考えたり,作ったりしながら,自分たちの住む地域への興味・関心を深めている。生徒同士の対話や「安心」というキーワードを基にした教師の意図した発問によって,生徒が地域にある施設に目を向け,その役割について考え,自分たちの生活や地域の一員であることへの気付きに結び付けている。

みんなで長さを予想して，実際に測って確かめよう
~身近なものをはかってみよう　長さ~

1 ▶ 実践の概要

　測る活動を友達と一緒に何度も行うことで，目盛りの読み取り方や長さに応じた単位の違いが分かるようになった。友達と協力して測るときの「ポイント」を確認し合ったり，自分の体のサイズ（「からだものさし」）を基にして長さを予想したりすることで，測り方のスキルが定着し，長さの量感が芽生えた。自信をもって長さを測ることができるようになり，作業学習等での学習場面でその力を発揮している。

2 ▶ 単元の目標

（1）単元目標
- 長さを表す単位を知り，物差しを使った測り方を覚えて，正確に長さを測る。
- 測るものの長さを予想してから，実際に測って確かめ，長さに応じた単位を適切に選択して表す。
- 友達と協力したり，確かめ合ったりしながら，積極的に様々なものの長さを測る。

（2）単元で働かせる「見方・考え方」
- 身の回りの様々なものに「長さ」があることを意識し，自分から長さを測って確かめようとする。
- 長さを繰り返し測ることで，長さの量感を身に付け，「だいたい○cmぐらい」と予想する。
- 長さを予想するときに「私の人差し指の長さ○本分なので……」など，理由を明らかにして発表する。

3 ▶ 単元について

（1）生徒の実態
　本学習グループは，1年生1名，2年生2名，3年生2名の計5名で構成されている。どの生徒も簡単な会話でコミュニケーションを取ることができ，友達との関わりを楽しみながら学習活動を進めている。「長さ」の学習内容に関しては，長さの量感が身に付いていなかったり，単位の名称は知っているがどれが長い単位か分からなかったりと，理解に偏りがある生徒が多い。

（2）単元の設定
　他の授業や生活の中で，長さを扱うことは多い。長さの量感が曖昧であり，定規や物差

しの使い方が定着していないため，基本的な測定に関する知識・技能を身に付ける必要があると考え，本単元を設定した。この授業で学んだことを生かせるよう，他授業での長さを測定する場面も評価しながら，知識の定着を図っていく。

（3）配慮事項

・長さを正確に測る「ポイント」を明確にし，掲示して確認できるようにする。
・測る対象物を短いものから長いものへと段階的に設定することで，「mm」から「cm」，「cm」から「m」への単位の変化と有用性に気付けるように単元を構成する。
・長さを予想する，実際に長さを測る，発表する，という流れの授業を繰り返し行うことで，役割分担や発表の仕方に見通しをもち，生徒同士で学習を進められるようにする。

4 ▶ 単元の評価規準

・測るときの「ポイント」を覚え，物差しを使って正確に長さを測る。
・おおよその長さを予想したり，実際に測った長さに応じた適切な単位を選択して書き表したりする。
・身の回りの様々なものに「長さ」があることを意識し，積極的に測ろうとしたり，友達と協力して確かめようとしたりする。

5 ▶ 単元指導計画

時	学習内容	学習活動	育成を目指す資質・能力
1	●10cmってどのくらい？	① 10cmだと思う長さの紙テープを切り取る。	★予想した長さと実際の長さを比較し，違いに気付く。思
2～3	●自分の「ものさし」を作ろう	② 方眼紙で10cmの物差しを作る。 ③ 手を画用紙に写し取り，「からだものさし」を作る。	★方眼紙の目盛りを読み取って長さを測る。知 ★目盛りの原点を測るものの端に当てて長さを測る。知
4～7	●予想してから測って確かめよう(1) ・cmとmm	④ 「からだものさし」を使って長さを予想する。 ⑤ 実際の長さを測り，拡大投影機を使って発表する。	★「からだものさし」を基準にして長さを予想する。思 ★mmの単位を知り，「○cm△mm」と書き表す。思
8	●測るものを決めよう	⑥ 測りたいものを決め，長さをリボンに測り取る。	★友達と相談して測りたいものを決める。学
9～14	●予想してから測って確かめよう(2) ・cmからmへ	⑦ 長さを予想してから，実際に測って確かめる。 ⑧ グループごとに予想と結果を発表する。 ⑨ これまで測ったものの一覧表を見て長さを比較する。	★「からだものさし」を基準にして長さを予想する。思 ★「m」の単位を知り，「○m△cm」と書き表す。思 ★これまで学んだ単位から，長さに応じた単位を選択して表す。思
15	●依頼を受けて測ろう（まとめ）	⑩ 依頼（美術の授業で使う紙の裁断）を受け，正しく長さを測って切る。	★これまで学んだ測るポイントを振り返り，友達と協力して確かめ合いながら，正確に長さを測る。学

6 ▶ 本時の展開〔第11時〕

(1) 本時の目標
・長さを表す単位「メートル(m)」を知り,「1m＝100cm」の関係を理解する。
・1m以上の長さを測り,正しい単位を用いて書き表す。
・1m物差しの有用性を知り,友達と協力しながら進んで測ろうとする。

(2) 本時の展開

学習活動	指導上の留意点	評価規準
導入（5分） 本時のめあて（長いものの長さを測って確かめよう）を知る。		
① 本時のめあてと活動のポイントを知る。	・長さを測るポイント（端を0に合わせる,まっすぐ等）を確認する。	★長さを測るときのポイントを覚えて話す。思
展開（30分） 長さを予想してから,実際に長さを測る。		
② グループごとに予想してから,長さを測る(30cm物差し)。 ③ 1m物差しを使って長さを測る。	・生徒同士で役割分担ができるように,係を設定する。 ・「ずれるから難しいね」「足し算が大変だね」など,長い物差しの有用性に気付けるような言葉かけをする。 ・1m物差しと単位変換表を提示して,一緒に目盛りを数え,「100cm＝1m」であることを確認する。	★「からだものさし」を基準にして長さを予想する。思 ★物差しを使って正確に長さを測る。知 ★加法で長さを算出する。知 ★友達と役割を分担し,確認し合いながら正確に測る。学 ★「○m△cm」の単位を用いて長さを書き表す。思
まとめ（15分） グループごとに発表し,まとめをする。		
④ グループごとに発表する。 ⑤ 本時のまとめをする。	・1m物差しを使った感想を聞き,測るものによって物差しを変えるとよいことに気付けるようにする。 ・正確に測れたことを称賛し,次時はさらに長いものを測ることを伝える。	★長いものは,より長い物差しを使って測ると便利であることを知る。知 ★測りたいものについて考え,次時への期待感をもつ。学

7 ▶ 生徒の学びの姿

この授業を始める前,「みんなが使っている鉛筆って何cmだと思う?」と聞くと,「3cmくらい!」,「50cmかなあ?」等と答えていた生徒たちである。自分が思う10cmの紙テープを切り取った後,定規で測ってみるように話すと,定規の端から測っている生徒が多い。定規はその端と目盛りの原点の間に隙間がある。教師が「定規の端と目盛りの間に少し隙間があるね」と

写真1 「からだものさし」作り

指摘したが,すぐに理解には至らない様子だった。そこで,単元の初期に「測るときのポイント」を確認し,毎時間掲示して確認できるようにした。「0に合わせる」,「まっすぐ」

など，合い言葉のように話すことで，正しい測り方を覚え，互いに「0に合わせた？」，「まっすぐになっていないよ」などと確認し合いながら測る姿が見られるようになった。

「測る係」，「記録係」，「計算係」を授業の初めに決め，ワークシートに記入しながら生徒が主体的に学習できるように授業を進めていった。授業のたびに「僕が計算するよ」，「今日は私が書くね」など役割を換えながら測る活動を行った。長さを予想するとき，手のひらを写し取った「からだものさし」を使い，「人差し指何本分かな？」，「手のひら△個分だから……」と，「計算係」を中心にして，自分たちで加法の式を立てながら考えられるようになっていった。

写真2　2人でリボンに測り取る

徐々に測りたいものが長くなっていき，これまで使っていた30cm物差しを継ぎ足していかないと測ることができなくなった。「1回，2回……あれ？　今何回目だっけ？　もう一回やってみよう」，「ちゃんと数えてよ」などと苦労している。「先生，大変です」とのつぶやきを聞き，「ジャーン！　長い物差しもあるよ」と1m物差しを登場させた。生徒たちから「わあっ！貸してください」と喜びの声が挙がった。100cmが1mであることを確認した後で1m物差しを渡すと，「端は0に合っている？」，「リボンをまっすぐにして」など，自分たちで確認しながら嬉しそうに測り，測る技能が身に付いたことを感じた。

作業学習担当の教師からは，本グループの生徒がバッグの取っ手に使うテープを測る作業を行う場面で，それまでできなかった「端を合わせる」ことがしっかりできるようになったと報告を受けている。また，間違いを指摘されると落ち込みがちだった生徒が，測り方を覚えたことで，どこで間違ったのかを自分で振り返ることができるようになり，何度も修正できるようになった。知識・技能を獲得したことで生徒の自信が高まり，意欲的に活動に取り組むことにつながっている。

〈秋田大学教育文化学部附属特別支援学校：櫻田　佳枝〉

◀　**本事例における「主体的・対話的で深い学び」の視点**　▶

自分の体のサイズを基にした「からだものさし」を活用して，身の回りにある長さと測定に関心をもち，様々なものには長さがあることを理解し，その長さを積極的に測って確かめようとすることが意図されていた。友達と協力して長さを測定したり，目視した長さを予想したりして，楽しみながら繰り返し長さを測定する経験を積むことで，正確に測定する知識や技能を身に付け，生活や他の学習場面で活用しようとする「深い学び」の過程が見られる。

ぐるぐるアートを作ろう
～「動かして」描こう～

1 ▶ 実践の概要

　本単元は道具を動かして半自動的・半間接的に描くというテーマで設定している。ビー玉に絵の具を絡めて転がして描いたり，垂らした絵の具をストローで吹き流したり，ろくろに固定した画用紙を回転させながら筆で描いたりなど，半自動的に描くことで「動き」の新鮮さとその「痕跡」として現れる形の面白さを体感することで表現に対する主体性を高めることをねらいとしている。

2 ▶ 単元の目標

（1）単元目標
・スポイトやろくろなどの道具の名称と技法について学ぶ。
・共同制作を通して技法の特徴を感じ，自己の表現に取り入れる。
・作る面白さを感じながら意欲的に取り組む。

（2）単元で働かせる「見方・考え方」
・動きの痕跡として現れる形から自分のイメージや発想を広げ，色と形を構成し，意味や価値をつくり出す。
・技法や道具の使い方を理解し，その方法の中で自分なりに価値や面白さを見いだす。

3 ▶ 単元について

（1）生徒の実態
　本授業は生徒12名で構成され，全生徒が教師の指示を理解することができる。また，教材に対して関心をもち注目することができ，一斉の指示で大体の生徒が取り組むことができる。どの生徒もペンやクレヨンを持つと紙に描こうとする意欲があるが，なぐり書きや電車，キャラクターなどを描く者と，それに対する意味付けと集中できる活動量には個人差がある。道具の扱いは，手本を見てすぐできる生徒から，初めは教師と一緒に行うことで徐々に一人でできるようになる生徒と，それぞれ一定の幅がある。

（2）単元の設定
　感覚的な活動を楽しむことで作品ができていく内容にすることで，描くことに苦手意識のある生徒でも取り組みやすく感じられるようにし，表現することへの喜びや意欲が高まるように設定している。また，ビー玉やストロー，ろくろといった普段絵を描くときに使わない道具を扱うことで表現に対する興味・関心を高めるきっかけとし，様々な対象（道

具）や事象（技法）に感性や想像力を働かせやすくしている。色や形などの造形的な視点から対象や事象を捉え，自分の見方や感じ方を深め，味わう力・表現する力を育むことをねらいとしている。

（3）配慮事項

・個々の作品づくりにすぐに取り掛かるのではなく，デモンストレーションと練習（試作や共同作品）を経ることで活動への理解を高められるようにする。
・個人の作品をつくるときは，作品に集中できるように教室の前のほうに場所を設定し，環境を整える。
・特定の生徒間で，声に対する苦手意識や，仲のよさからの私語が見られるので，座席配置に配慮する。

4 ▶ 単元の評価規準

・道具の名称や使い方を正しく理解し扱うことができる。
・色と形の組み合わせを自分で構想することができる。
・道具や技法に興味をもち，主体的に取り組むことができる。

5 ▶ 単元指導計画

時	学習内容	学習活動	育成を目指す資質・能力
1〜2	●ビー玉絵画	① ビー玉転がし ・ビー玉に絵の具を絡ませて画用紙の上で転がしながら描く。画用紙はトレイの中に置き，トレイを傾けることでビー玉を転がす。 ② テニスボール転がし ・ビー玉をテニスボールに変え，同様に取り組む。	★色や形を工夫して構成する。思 ★ビー玉やテニスボールの動きの面白さを感じる。学
3〜4	●垂らし絵	③ ドリッピング ・平置きや立て掛けてある画用紙にスポイトで色水を垂らして描く。 ④ 吹き流し ・スポイトで画用紙に色水を垂らし，ストローで吹き流して描く。吹く向きや強さを変えながら他の線と混ざるようにする。	★道具の名称，使い方を覚える。知 ★色や形を工夫して構成する。思
5〜6	●回転絵画	⑤ ろくろ上で描く ・ろくろに画用紙を固定し，回転させながら描く。フェルトペンで手を動かさない練習をして，慣れてきたら筆や刷毛，スポイトなどで描く。	★道具の名称や扱い方を理解する。知 ★色や形を工夫して構成する。思 ★制作に興味をもって主体的に取り組む。学

6 ▶ 本時の展開〔第5時〕

(1) 本時の目標
・ろくろの名称と使い方を理解し，正しく扱う。
・技法から色と形の組み合わせを発想し，自分から制作する。

(2) 本時の展開

学習活動	指導上の留意点	評価規準
導入（5分） 挨拶，前回のおさらい，本時の内容確認		
① 挨拶をする。 ② 見本を見る。 ③ つくり方を見る。	・注目できるようにやや大きめの声で話す。 ・つくるものが分かりやすいように実物（参考作品）を提示する。 ・板書して実演し，「次は板書の○○をします」と関連させ，分かりやすくする。	★技法を理解する。知
展開（35分） 試作，本制作		
④ 試作する（共同制作）。	・グループで取り組むことで活動に入りやすくする。 ・回す役，描く役を交代で取り組むことで，友達の活動にも注目しやすくする。 ・フェルトペンに限定することで，自動で線が描かれる面白さに着目しやすくする。	★道具や技法に興味をもって主体的に取り組んでいる。学 ★道具の名称と使い方を正しく理解している。知
⑤ 本制作をする（個人作品）。	・グループとは別の場所で活動することで，自分の作品に集中しやすくする。 ・筆や刷毛，スポイトなど道具と一緒に描かれる線や形の見本を提示しておくことで，選びやすくする。 ・選んだ色と道具を置く台紙を用意することで，活動しやすくする。	
まとめ（10分） 片付け，鑑賞，挨拶		
⑥ 鑑賞をする。	・作品をイーゼルに立て掛けたり目前に提示したりすることで，注目しやすくする。 ・全員が発表し拍手を受けることで，達成感がもてるようにし，次回の学習への意欲や期待感を高めやすくする。	★興味をもって友達の作品を見る。学 ★自他の作品の感想を述べる。思

7 ▶ 生徒の学びの姿

本単元では，生徒の主体的な活動と成長が作品から分かりやすく見て取れる結果となった。試作の中で，ビー玉絵画ではビー玉をトレイから飛ばさない，垂らし絵では，色水を遠くまで伸ばし他の線と混ぜる，回転絵画では，回転を止めないように力加減を調節し手を動かさない，と工夫するポイントを見つけ，工夫し，回を重ねるごとに上達していった。そうして描かれた線は複雑で魅力的な色と形を現した。「ビー玉を外に出さないように転がす」や「たくさん伸ばして交差させる」，「回転を止

写真1　生徒試作品

めないで手を止める」などの活動の分かりやすさと，その活動の上達が作品からすぐ見て取れるということが，成就感・達成感を高め，さらなる活動への意欲となり，ほとんどの生徒が個人の作品制作が終わっても再度共同制作をやりたがって時間いっぱいまで楽しめていた。

〈東京都立久我山青光学園：鎌田 有紀〉

◀ **本事例における「主体的・対話的で深い学び」の視点** ▶

様々な材料・用具や「転がす，吹く，たらす，回転させる」といった技法を用いることで，生徒が興味・関心をもって主体的に表現し，構想するという意欲を引き出している。繰り返しの活動の中で，材料の性質や用具の使い方など，様々な気付きによる技能習得があった。それぞれの手法に合わせた表し方や工夫の仕方を考え，動きの新鮮さや痕跡の造形的な面白さを体感しながら，造形活動の喜びや楽しみを味わう学びにつなげている。

地域の魅力を発信しよう
～自ら「調べ，まとめ，伝える」活動を通して，
　主体性をはぐくむ学習～

1 ▶ 実践の概要

　本校は，佐賀県みやき町にある知的障害，肢体不自由，病弱の児童生徒が共に学べる県内唯一の学校である。実践は，知的障害課程の中学部3年生で，修学旅行の目的地である鹿児島県をきっかけに，佐賀からより広い地域へと意欲・関心を高める単元である。学習用端末や観光情報誌を活用した調べ学習を行い，調べたことをいろいろな人に発表し，アンケートを取り，まとめ，集計するまでの一連の流れを協働的に学習できるよう工夫した。

2 ▶ 単元の目標

（1）単元目標
・学習用端末の使い方を知り，活用して調べ学習を行う。
・調べた内容をグループ内で出し合い，発表原稿をつくり，まとめる。
・発表後にアンケートを実施し，集計する。
・発表会で，自分の役割を果たす。

（2）単元で働かせる「見方・考え方」
・各教科等における見方・考え方を総合的に働かせて，実生活や実社会の中から問いを思い出し，探究的な学習を通して解決に向けて考える。

3 ▶ 単元について

（1）生徒の実態
　この取組は，知的障害教育部門中学部の取組であり，本単元は第3学年11名での学習活動である。理解力やコミュニケーション力など生徒の実態は様々であるが，全体的に明るく元気で何事にも真面目に取り組む。第3学年になり，地域交流活動で多くの人の前に立ち，司会や学校紹介などを経験した。多くの場面でリーダーとしての活躍が認められ褒められることで，成功体験を積み重ねて自己肯定感が高まってきている。

　生徒たちは1，2年生の頃に，近隣の佐賀市や久留米市へ校外学習に行っている。その中で学校の周りの地域についての学習は行っており，理解を深めている。10月の修学旅行は中学部で一番の楽しみの行事となっており，「早く修学旅行に行きたい」，「鹿児島って何があるだろう」と今後の活動への意欲が十分に感じられる。今回の学習は修学旅行と関連付け，九州について「もっと知りたい」という意欲が高められる学習場面を設定できると考えている。

（2）単元の設定

　本単元は，修学旅行前の単元である。鹿児島へ修学旅行に行くことを機に，生徒の興味・関心を広げ，生徒の意識が身近な地域から近隣の場の九州全体へと広がることを目標に設定した。また，修学旅行においての行程やルール，マナーについての学習は生活単元学習で行う。生活単元学習と総合的な学習の時間を関連付けて，より主体的に目的や課題をもって修学旅行に参加できるようにした。

（3）配慮事項

- 活発なコミュニケーションを図るため，調べ学習を行う際は2～3名の生徒でグループ編成し，教え合う場面をつくった。
- 主体的に学習が進められるように，学習用端末機器や観光情報誌など調べる際のツールを準備した。

4 ▶ 単元の評価規準

- 学習用端末機器の使い方を知り，活用して調べ学習を行うことができる。
- グループ内で自分が調べたことを自分なりの方法で伝えることができる。
- 発表を見てアンケートに答えたり，アンケートの結果を数えたりすることができる。また，なぜそのような結果になったかを考察し，自分の考えをまとめることができる。
- 発表会で，発表係や差し棒係などの仕事を行うことができる。

5 ▶ 単元指導計画

時	学習内容	学習活動	育成を目指す資質・能力
1	●学習全体の見通しを立て，興味をもつ。	① 学習用端末機器や観光情報誌を実際に操作したり見たりして，使い方が分かる。	★見通しをもって学習に取り組む。学
2～5	●九州内の県について調べる。 ●調べた内容をグループで話し合い，まとめ，発表原稿を考える。	② 学習用端末機器や観光情報誌を活用し，調べる。 ③ グループで意見を出し合い，話し合い，グループの意見としてまとめ，関連した写真を模造紙に貼る。 ④ 発表原稿を作成する。	★様々なツールの使い方を知り，活用する。知 ★他者の意見を聞き，参考にする。知
6	●多くの人に発表会に来てもらえるように考える。	⑤ 発表会の招待状を書く。 ⑥ 発表会の招待状を渡しに行く。	★文の構成，語句の使い方に気を付けて書く。知
7	●役割が分かり，グループでまとめた内容を発表し，感じたことをアンケートに書く。	⑦ 招待者を招いて，発表会を開く。 ⑧ 自分の役割を果たす。 ⑨ 他グループの発表を聞き，よかったところや気になったところをアンケートに書く。	★役割を遂行する。学 ★他者を理解する。学 ★自分の思いを表現する。思
8	●アンケート集計し，分かったことをまとめる。	⑩ アンケートの集計，考察を行う。	★自分の思いを表現する。思

6 ▶ 本時の展開〔第7時〕

(1) 本時の目標
- 発表係や差し棒係など自分の役割を理解し取り組む。
- 他グループの発表を聞き，感じたことや思ったことをアンケートに記入する。

(2) 本時の展開

学習活動	指導上の留意点	評価規準
導入（5分） 本時の活動内容，自らの役割を理解する。		
① 日程を確認し，活動内容と目標を理解する。 ② 発表会の流れや自分の役割を確認する。	・電子黒板を使い，日程，目標，役割を視覚的に提示する。 ・発表会の意欲が高まるように，誰が見に来るのか伝える。	★日程と目標について理解ができ，学習への意欲が高まっている。
展開（35分） グループの仲間と協力して，自分の役割を果たそうとする。		
③ 司会，はじめの言葉，終わりの言葉の係は適宜活動を行う。 ④ グループに分かれて発表する。	・暖かい雰囲気を心掛け，発表しやすい雰囲気をつくる。 ・発表が終わったグループへは言葉かけをし，労をねぎらう。	★自分の役割を理解し，役割を遂行することができている。
まとめ（10分） 活動を振り返り，達成感をもつ。		
⑤ 他者からの評価や自己評価を通じて振り返る。	・担任団以外の教師からの評価を通じて，達成感が感じられるようにする。 ・アンケートに記入し，お互いのよかったことを認め合うことができるようにする。	★他グループのよいところを記すことができる。

7 ▶ 生徒の学びの姿

鹿児島，熊本，沖縄，福岡各県の人口，広さ，食べ物，ゆるキャラについて，学習用端末機器や観光情報誌を基に，調べ学習を行った。「佐賀県より人が多いね」，「佐賀県って比べると小さいね」と地元である佐賀県と比較し，他県の大きさを実感した様子があった（写真1）。

調べたことを多くの人に知ってもらおうということで，学習発表会の招待状を作成し配りに行った。

写真1　グループでの調べ学習の様子

「場所や時間を書いたほうがいい」という意見を基に，それぞれ工夫を凝らした招待状を作成した。誰に来てもらうかは，生徒に聞きピックアップした。「校長先生や教頭先生，美術や音楽の担当の先生」などを挙げていた。生徒たちは緊張した表情で，職員室や他学年の教室に行き招待状を渡していた。相手に丁寧な気持ちを伝えるために言葉遣いにも気を配り，「6月16日に発表会があります。ぜひ来てください。お待ちしております」と言って渡していた（写真2）。

発表会当日は，校長先生をはじめ多くの先生方に来てもらった。司会やはじめの言葉など一人一人に応じた一役を設定した。発表の際は，原稿を基に発表をし，発語が難しい生徒は指示棒で説明事項を差し，全ての生徒が何かの役割をもち，会を進めていった（写真3）。会の最後にはアンケートを取った。担任団以外の先生にも来ていただいたので講評をもらった。多くの人から意見をもらい，「分かりやすい発表だった」，「熊本県に行きたくなりました」などの感想をもらい，嬉しそうだった。後日，アンケートの集計を行った。生徒2名が代表し，感想を記した。感想には今回の学習を経て「次は歴史について調べてみたい」，「バスケットが好きだからNBAがあるアメリカについて調べたい」といった意見を書いていた。

写真2　招待状を渡している様子

写真3　発表会の様子

　今回の学習を経て，10月に行われた修学旅行では，新幹線で福岡県，熊本県，鹿児島県を通過するたびに「ここは調べた熊本県だね」と伝える生徒がいた。また，鹿児島県についてインターネットで見た場所や食べ物を実際に目にしたり，体験したりすることができ，学習の理解がより深まったようだ。今回の学習を機に，自分の夢や興味のあることについて学びたいという気持ちが芽生えた生徒もいた。こうした生徒の思いを大切にし，生徒の自ら学びたいという意欲や関心に応えることのできる授業を今後も展開していきたい。

〈佐賀県立中原特別支援学校：内田　雅規〉

▶ **本事例における「主体的・対話的で深い学び」の視点** ◀

より広い地域への関心を育む，教科等の枠を超えた横断的，総合的な学習が展開されている。学習用端末機器や情報誌の活用等，調べるためのツールの工夫により，生徒が興味のあることを積極的に調べる意欲を生み出している。また，習得した知識を活用し，活発なコミュニケーションによる探究を企図して，少人数グループで教え合う場面や対話を引き出し，考えをまとめて発表する機会を設定することで，他者と協働し他者理解をする力を培った。

集団で取り組むよさを生かし,
人と関わる力の育成を目指した授業づくり
~白兎スポーツフェスティバルをしよう！~

1 ▶ 実践の概要

　本事例は,本校の目指す「児童生徒に付けたい力」を基に,生徒が他者とよりよく関わる力を高めていくことをねらいとして取り組んだ実践である。

　特別活動に係る「見方・考え方」を踏まえつつ,集団で取り組む利点を最大限生かすための様々な工夫をするとともに,相互の関わりや対話を通した生徒の内面の変化や気付き等を丁寧に引き出し,学校生活を送る上での基盤となる力や社会で生きて働く力を育成することを目指して取り組んだ。

2 ▶ 題材の目標

(1) 題材目標
・友達と仲良くするためにどのように関わり合えばよいかのが分かる。
・友達同士で仲良く過ごす方法について話し合ったり,自分たちにできる方法を見つけ出したりする。
・話し合った方法を,活動の場面で進んで使おうとする。

(2) 題材で働かせる「見方・考え方」
・友達とのトラブルの要因を見つけ,問題を解決していくために,自分の考えを伝えたり友達の考えを聞いたりしながら,集団全体としての解決方法を導く。
・解決方法を実際の生活場面で活用し,友達と仲良く生活していこうとする。

3 ▶ 題材について

(1) 生徒の実態
　単一障害学級の2年生9名は,学校生活において友達同士の関わりを求める一方,相手の気持ちを大切にした関わり方に課題のある生徒も多い。また,勝敗へのこだわりが強く,思いどおりにいかないとイライラする,泣く等の行動を取ることもある。そのため,自分の気持ちをコントロールしながら他者と適切に関わる方法等について学習を積み重ねている。

(2) 題材の設定
　本題材は,他者との関わりについて生徒が考え,集団活動を通じて望ましい人間関係を築く力を高めることをねらいとしている。そこで,生徒の興味・関心が高い「スポーツ」を扱うことで意欲的に取り組めるのではないかと考えた。仲間を励ます言葉かけや行動等

を身に付けることにより，学校生活の中で積極的に実践し，日頃から相互の心地よい関係，支え合える関係を築くとともに，将来の自立と社会参加に向けた力を高めたいと考え，設定した。

(3) 配慮事項

・集団で取り組むよさを生かすため，2学級合同で集団を構成した。また，生徒の知的発達の実態差に対応するため，各教師の役割を明確にした。
・学習の様子を映像で記録し，学習の導入やまとめの場面で活用することにより，よかった点や改善点を生徒が具体的に捉えやすいよう，工夫をした。
・勝敗ではなく，「○○さんが励ましてくれて嬉しかった」等，相互の関わりを通した内面の変化や価値付けに着目するよう，発問やワークシート等を工夫した。

4 ▶ 題材の評価規準

・励ましや労いの言葉等の意味や活用場面を知ることができる。
・トラブルになる要因やそれを解決するための方法を出し合ったり，自分たちに合った解決方法を見つけたりすることができる。
・学んだことを生かして，チームメイトに自分から進んで言葉かけやハイタッチをしようとすることができる。

5 ▶ 題材指導計画

時	学習内容	学習活動	育成を目指す資質・能力
1	●友達と仲良く過すための方法を考えよう	① 学級の課題を話し合う。 ② ①の解決方法を話し合う。	★課題に気付き，自分たちに合った解決方法を考える。思
2〜3	●スポーツフェスティバルの計画を立てよう	③ 全員が楽しめる種目やルール等を話し合う。 ④ 応援方法を相談する。	★チームで団結して活動するための方法について考える。思
4〜6	●スポーツフェスティバルをしよう	⑤ チーム対抗の試合をする。 ⑥ よりよい応援方法等について考え，次の試合に生かす。	★話し合った作戦を実践しようとする。学 ★よりよい改善方法を見つける。思
7	●これからの学校生活について考えよう	⑦ 学んだことを，学校生活の中でどのように生かすのか考える。	★友達とよりよい関係を築く方法を知る。知 ★生活の様々な場面で生かそうとする。学

6 ▶ 本時の展開〔第6時〕

(1) 本時の目標

・話し合った方法を進んで実践しながら，試合に取り組む。
・友達を嬉しい気持ちにする言葉かけや関わり方について考えたり発表したりする。

（2）本時の展開

学習活動	指導上の留意点	評価規準
導入（10分）　本時の学習の流れと前時までのよかった点や改善点を確認する。		
① 前時までの学習内容や応援方法を確認する。	・学習展開と目標，既習内容等を掲示し，常時確認できるようにする。 ・よかった関わりを映像で振り返る。	
展開（30分）　風船バレーの試合を行う。		
② 作戦会議を行い，ポジションやかけ声を決める。 ③ 試合をする。 ・試合 ・作戦タイム ・試合	・生徒同士で作戦が立てやすいよう，ミニボードとマグネットを準備し，教師はできる限り見守る。 ・試合の様子を映像で記録し，振り返りで活用する。 ・励まし合いながら取り組めるように，得失点ごとに円陣を組むよう促す。	★試合や作戦会議中に，進んで応援をしたり円陣を組んだりしている。学
まとめ（10分）　互いの関わりについて振り返る。		
④ 振り返りをする。 ・映像を見る。 ・ワークシートに記入をする。	・映像を見るポイントを明確にする。 ・生徒同士の言葉かけや関わり合いの面で，具体的なよさや助言を伝える。	★「〇〇の言葉が嬉しかった」，「次はこうしたい」等，考えたり発表したりできている。思

7 ▶生徒の学びの姿

題材の導入部で，日頃のトラブルの要因について考えた際，「自分の思いどおりにいかないからイライラする」，「優しい言い方ができていないから嫌になる」等の発言が聞かれた。その上で，トラブルを回避するためには，友達に優しく接したり自分の気持ちを落ち着かせる方法を身に付けたりすることが必要だという気付きも生まれてきた。

写真1　笑顔で称え合う生徒

次に，自分だけの力ではなく，友達との関わりを通して課題を解決していく方法を考えるよう促すと，「友達に『がんばれ！』と言う」，「『どうしたの？』と尋ねる」，「『ドンマイ』と励ます」等，互いに応援したり喜び合ったり労ったりすることで前向きな気持ちになり，楽しく活動でき

図1　ふりかえりシート

るのではないか等の考えをまとめることができた。

　以上のような流れを受けて，課題解決の方法を実際の場面で実践していくためにスポーツ大会を開催することにした。話し合いの場面では，全員が楽しめるような活動を考えたり，チームの名前や決めポーズを相談して決めたりするなど，互いに対話を深めながら考えをまとめようとする姿が見られた。しかし，生徒同士で主体的に役割を形成し，仲間の意見を試合に生かそうとするチームもあったものの，全員が受動的でなかなか話し合いが進まないチームもあったため，初めは教師がチームの先導役となって一緒に活動を行った。学習を進める中で，1人の生徒が教師を手本にしてリーダー的存在として動くようになり，その生徒を中心に他の生徒の動きもよくなってきた。生徒の中には日頃，他の生徒との関わりを進んでもとうとはしない子供もいたが，友達からのハイタッチに応じたり，応援されて嬉しそうな表情を見せたりするようになり，学習の終盤になると，互いにアドバイスやフォローをし合う等，関わり方に広がりや深まりが見られ始めた。

　学習の最後に，これまでの学びを振り返るとともに，今後の学校生活でどのように生かせるかを話し合った。「友達が発表したら拍手をする」，「優しい言い方で教えてあげる」等，生活場面で生かすための様々な考えが出されたことは，本題材に取り組んだ一つの成果であったと考える。後日行われた他校との卓球大会では，自校の選手を応援したり学部全体で喜んだり悔しがったりする生徒の姿が以前にも増して見られた。次年度は，学部の最高学年としてリーダーシップを発揮し，学年のみならず学部全体のよき集団づくりを生徒が主体的に進めていけるよう，今後も指導・支援を進めていきたい。

〈前 鳥取県立白兎養護学校：福安　彬〉

◀　本事例における「主体的・対話的で深い学び」の視点　▶

活動の様子を録画し，具体的な観点に沿って振り返りをするなど，ICT機器の効果的な活用や，発問，ワークシートの工夫により，生徒が内面の育ちを丁寧に振り返ることができている。話し合いや実践的な活動を通して自己理解や他者理解を深め，望ましい言葉のかけ方や行動の仕方を身に付け，他者とよりよく関わる力の育成がされ，今後の生活場面での生かし方について具体的に考え，追究するという質の高い学びの実現となっている。

自分たちで話し合い，試行錯誤しながら改善を重ねる実践
～単元名「みんなでやるぞ！ 中2ショップ」の実践より～

1 ▶ 実践の概要

　カフェ形式のショップを開店し，自分たちで作ったパンや菓子を校内外の人に振る舞う長期の単元である。前年度から継続して取り組んでおり，校内から地域へと活動の場を広げ，来店した地域住民とのやり取りから，相手に伝わるような話し方や喜んでもらえるような振る舞い方について考え，改善を重ねていく。開店及び準備活動を繰り返し経験する中で，自分で考える姿や，生徒同士で相談しながら解決する姿が見られるようになった。

2 ▶ 単元の目標

（1） 単元目標
・校内外の人に伝わるような話し方や表情が分かり，宣伝活動や接客に取り組む。
・経験を基に，自分の役割に進んで取り組んだり，校外でのショップ開店に必要な事柄を考えたりしながら，開店の準備や接客などの活動に取り組む。
・自分の役割を果たし，協力して地域での開店を成し遂げる達成感を味わう。

（2） 単元で働かせる「見方・考え方」
・開店までの準備活動の中で，友達の意見やこれまで集めた来客の声など，言葉で表現されたものを解釈するとともに，よりよいお店になるために何が必要かを思考し，自分の考えを説明及び議論する要素は，社会生活に必要な言葉に係る見方・考え方が働く。
・成果や課題を明らかにし，解決に向けて，自分の経験や来客からの意見などを参考にしながら選択・決定することや，宣伝活動や開店を通して地域と関わる中で，地域の特質に関する理解を深め，地域社会の一員として社会参加する力を育む要素は，社会科に係る見方・考え方を含む。

3 ▶ 単元について

（1） 生徒の実態
　12名の学習集団である。友達や教師と会話を楽しむ生徒や発声や身振りで気持ちを伝えようとする生徒がおり，それぞれが何らかの手段で周囲とやり取りしようとする気持ちがある。昨年は校内で複数回開店し，全校の生徒や教師，家族などの身近な人を招待した。この経験から，店舗設営に必要なものを考え，自分たちで準備に取り組もうとする変容が見られる。大まかな日程や本時の活動の提示などは教師主導の場面が多い。また，開店時の接客における声の大きさや混雑時の対処なども，まだ教師の支援が必要である。

（2）単元の設定

　家庭や学校生活で訪れる機会の多い「お店」は身近でイメージしやすく，関心の高いテーマである。調理や装飾作り，宣伝活動などの多様な活動を設定でき，それぞれの得意なことや興味・関心を生かした分担が可能である。また，開店までに「何に取り組むべきか」や「何種類のメニューにするか」などについて話し合う「ショップ会議」の活動を設定することで，自分の思いを伝えたり友達の意見を受け入れたりする姿が期待できる。長期的に取り組み，準備から開店までの一連の活動を繰り返すことで，経験を基に互いに考えを伝え合いながら，自分たちの力で成し遂げる達成感を味わうことができると考えた。

（3）配慮事項

- 生徒同士が自分たちの力で課題を解決できるように，生徒の実態に応じたグループ編成や共同作業を設定するとともに，教師の直接的な指示を徐々に減らすなどの調整を図る。
- 思考や話し合いの過程を振り返るとともに，さらなる思考の手掛かりにできるように，自分の考えをまとめる時間の設定やワークシートの活用，発言の板書等によって思考の「見える化」を図る。

4 ▶ 単元の評価基準

- 場面や状況に応じた言葉や言葉遣い，振る舞い方について理解している。
- これまでの経験を生かして，店の運営について話し合ったり，調理や制作等の活動に取り組んだりしている。
- 自分や友達のよさに気付き，互いに認め合いながら取り組もうとする。

5 ▶ 単元指導計画

時	学習内容	学習活動	育成を目指す資質・能力
1〜8	●今回の「中2ショップ」について話し合おう ・ショップ会議①（メニュー，日程の話し合い）	・これまでの経験を基に，開店に必要な準備物や活動を発表する。 ・自分の考えを相手に伝わるように話しながら，メニューの数や種類について決める。	★テーマに沿って思考し，自分なりの方法で表現する。思
9〜18	●プレ開店をしよう ・調理 ・装飾製作 ・宣伝用チラシ製作 ・校内でのプレ開店	・役割が分かり，進んで取り組んだり，意見を伝え合ったりしながら調理，製作に取り組む。 ・計量カップ等の器具を正しく活用しながら材料の重さを量ったり，生地が同じ重さになるように切り分けたりしながら調理活動をする。	★よりよいものを作るために，考えたり友達に相談したりしながら取り組む。学 ★数量に関する知識や，生活に必要な基本的な技術を身に付け，実際場面で活用する。知
19〜30	●ことぶき荘（公民館）で開店しよう ・プレ開店の振り返り ・ショップ会議②（開店までに必要な準備，スケジュールの決定）	・校内でのプレ開店での成果や反省点を理解し，自分たちで開店本番までに必要な準備やそのスケジュールを話し合って決め，開店する。 ・表情や声の大きさ，動きの機敏さなどを意識しながら，接客や品物の提	★経験したことや見聞きした情報を結び付けて考えたり，その考えを伝え合ったりしながら意見をまとめる。思 ★経験やモデル例を基に

| 19〜30 | ・調理
・接客練習
・開店本番 | 供などに取り組む。 | した実践と接客技術・態度の理解。知 |
| 31〜34 | ●「中2ショップ」パート2を振り返ろう | ・来客の声やアンケートから、公民館での開店の成果とこれからの改善点を明らかにする。 | ★文章（アンケート）の内容を理解し、必要な事柄について考え、まとめる。知 思 |

6 ▶ 本時の展開〔第19〜20時〕

（1）本時の目標

- ショップ会議班：プレ開店の反省を基に、開店までに必要な活動やスケジュールを話し合いの中で明らかにし、決定する。
- 製作班：見本を手掛かりに字の大きさや形に気を付け、集中して目標数のポスターやチラシを作成する。

（2）本時の展開

学習活動	指導上の留意点	評価規準
導入（10分） 本時の活動内容とめあてを知る。		
① （前時の）プレ開店を振り返る。	・プレ開店で、困った場面や友達同士で解決できた場面を取り上げ、生徒の発言や反応をつなぎ、やり取りできるような言葉かけに努める。	★教師の質問に対し、自分なりの表現で答えることができている。思
展開（70分） ショップ会議（話し合い）班：プレ開店の反省と本番までの日程の決定 グッズ製作班：宣伝用ポスター、チラシ、プレゼント製作		
【ショップ会議班】 ② 活動内容、日程の決定	【プレ開店の反省】 ・よいコメントと課題点を示すコメントとの違いが分かるように、教師が例を取り上げて、下線の引き方を全体に示す。 【スケジュールの話し合い】 ・自分の考えをまとめ、話し合いの手掛かりとなるように、個々にワークシートと付箋紙を用意し、話し合いの前に考えたり書き出したりする場面を設定する。 ・多くの発言を引き出すために、2〜3人の小グループによる話し合いの場面を設定する。	★アンケート結果に関心をもち、コメントからよい点と課題点を区別できる。知 ★経験やアンケート結果を基に、自分の考えを書いたり、友達に話したりすることができる。思
【グッズ制作班】 ② ポスター、チラシ、ブレスレット作り	【宣伝用ポスター、チラシ、プレゼント製作】 ・互いのがんばりを知ったり、意欲につなげたりするように、目標数や達成までの数が分かる表を活用したり、工夫点やよい気付きをその都度周りに紹介して称賛したりする。	★見本を見たり、友達のよい点に参考にしたりしながら、よりよいものになるように製作できる。学
まとめ（20分） 今日の活動を振り返る。		
③ 活動を振り返り、全員で共有する。	・次時につなげられるように、「もっとよくなるために」、「もっと喜んでもらうために」などの言葉で問いかけ、生徒から出た意見を板書して共有する。	★個々の成果や次に取り組むことなどを話すことができる。思

7 ▶ 生徒の学びの姿

本校では「経験から考え，行動する力を高める授業づくり」を研究主題として，教師間のワークショップによる意見交換及び授業改善を重ねてきた。その中で，中学部では生徒の「実感」というキーワードに着目し，自分たちの力で課題解決するために，必要な状況設定と繰り返しの取組を重ねてきた。実践を通して，決

写真1　開店時の接客の様子

して教師に言われて行うのではなく，自分たちで話し合って決めたことを実現させていく中で，自分の考えやがんばりを自分の言葉で語ることのできる生徒が増えた。

日常場面でも，「先生，今日は宣伝活動だね。緊張するけどがんばるよ」，「今度は小学校時代にお世話になった○○先生を招待したいです」など，生徒自身からこの単元に関わる発言が多く聞かれ，「中2ショップ」を自分のこととして捉え，生活の一部となっていることがうかがえた。この実感をもって生活する様子は，授業内での変容にもつながった。これまで，話し合いには教師の代弁や仲介が必要な場面や，友達の意見と折り合えずまとまらないことが多かったが，経験したことを基にしたテーマ設定や，関連する情報の提示などにより，生徒が自分なりに思考し，理由も添えて話すことができるようになってきた。

経験を共有してきた仲間同士の話し合いは，賛成と反対だけに終始するのではなく，自分と友達の考えの違いを認め，折り合う点を探るものへと発展してきている。メニュー数を決める話し合い場面では，前回と同じ6種類のパンを販売しようとする意見に対し，10種類に挑戦したいと話す生徒とで意見が分かれた。ここでは，自分たちが経験した大変さを訴える生徒，メニュー数を増やして自分たちの力を試したいという気持ちを話す生徒とで協議を進め，結果的に7種類のメニューで臨むという点で折り合い，自分たちの力で目的を達成させることができた。他者（お客さんや教師）からの助言や提案などの情報から自分たちの取組を客観的に捉え，経験と結び付けて思考・判断しながら取り組む生徒の姿は，主体的・対話的で深い学びの具現化につながっていた。

〈秋田県立支援学校天王みどり学園：藤原　佑介〉

◀ **本事例における「主体的・対話的で深い学び」の視点** ▶

話し合いの手掛かりとなるようにワークシートや付箋を用意することにより，目に見える形で自分の考えをまとめ，各教科の見方・考え方を働かせながら，相手に伝わるような話し方で伝え合えるように企図している。多様な考え方があることに気付き理解し，他者の意見を受け入れたり補い合ったりして協働する中で，合意形成を図ってよりよい解決策を決め，振り返りによる改善や成果を次につなげて取り組む過程が大切にされている。

多様な他者との協働を通して自ら学ぶ力の育成
～栗田の縄文プロジェクト　たくさんの人に伝えよう　修学旅行先でのワークショップ～

1 ▶ 実践の概要

　本単元は，本校に隣接している秋田県埋蔵文化財センターへの見学による生徒たちの縄文文化への興味を基にスタートし，発展させた3年間の取組である。生徒たちは，縄文文化の学習を通し，様々な活動で多様な機関や他者と協働し，過程で生じた課題の解決を図りながら，学習を展開させた。特に，修学旅行先で行ったワークショップを通じ，自分たちの取組に対する肯定的な理解を得て，積極的に他者や社会と関わろうとする力が育まれた。

2 ▶ 単元の目標

（1）単元目標
・縄文文化に関わる様々な体験活動や創作活動などを通して，学んだことを自らの生活との関わりで考え，生活の中で生かす。
・自分たちが表現したいこと，伝えたいことについて構想したり，企画を立てたりする。
・友達や地域の人など様々な人と協働することや，社会へ働きかけたり他者から認められたりすることの喜びを味わう。

（2）単元で働かせる「見方・考え方」
・縄文文化について学んだことを，自分の生き方や自分の生活との関わりで考え意味付ける。
・創作活動や表現活動において，自分の表したいイメージを感性や想像力を働かせながら構想したり，材料や道具などを工夫したりして表現する。
・学んだことを文章にまとめたり，相手に分かりやすく伝えたりする活動を通して，自分の考えを深める。

3 ▶ 単元について

（1）生徒の実態
　本学年は中学部3年21名である。入学時には，知識がこれまでの経験に基づくものに限られていたり，実物と結び付かなかったりするなどの生活経験の乏しさや，自分に自信がないために他者との関わりに消極的になるなど，人間関係を形成する力に課題が見られる生徒が多かった。

（2）単元の設定

　生徒たちが，入学後の早期に埋蔵文化財センターを見学した際に興味をもった縄文文化は，衣食住の様々な切り口から単元を展開させることが可能である。また，本校には，徒歩圏内に美術大学や動物園など様々な教育施設があり，友達や地域の人々と一緒に活動を展開することができる環境にある。生徒たちの興味・関心を基に課題意識を高め，地域の資源を活用し，多様な他者と協働しながら解決を図る活動を通し，実際の社会の中で生きて働く知識や技能になると考え，本単元を設定した。

表1　3年間の実践概要

	土器作り	縄文の踊り	縄文食	学びの発信
一年次[体験]	「作ってみたい」 ・小学生との土器作り交流（マグカップ大の土器制作） ・地域の陶芸家による野焼き	「踊ってみたい」 ・舞踏家から考案してもらった縄文の祭りをイメージした踊りの体験	「食べてみたい」 ・埋蔵文化財センター職員からの講義と縄文クッキー等の調理体験	「見てもらいたい」 ・土器を市内のギャラリーや地域のアートイベントで展示
二年次[表現]	「もっと本格的な土器が作りたい」 ・美大の教員や高校生との土器作り交流 ・野焼きに初挑戦するも全壊	「自分たちで振り付けを考えたい」 ・舞踏家と共に振り付けの考案。老人ホーム，保育園での踊りの披露と交流活動	「おいしいレシピを考えたい」 ・縄文クッキーをレシピ化	「たくさんの人に見てもらいたい」 ・地域のアートイベントや埋蔵文化財センターと共催で県立美術館で展示
三年次[発信]	「今年こそ野焼きを成功させたい」 ・美大の教員や高校生，野焼きボランティアと土器制作と野焼き ・美大の教員による制作方法の指導，野焼きボランティアからの野焼き用粘土の提供を受け，野焼き成功	「作曲がしたい。東京ドームで踊りたい」 ・美大の教員や民謡奏者，舞踏家，高校生と共に自然の音など様々な音源を基に縄文の踊りを創作 ・修学旅行先の秋葉原駅前，千代田区のアートセンターでの発表	「縄文クッキーを販売したい」 ・製菓店の協力の下，縄文クッキーの販売 ・パッケージデザインは高校生に依頼	「自分たちの取組を伝えたい」 ・修学旅行先にて石器ナイフ作りや縄文アクセサリー作り等のワークショップ実施 ・お世話になった方を招いてのポスターセッション ・県の世界遺産登録に向けた取組と共に土器の展示

（3）配慮事項

・生徒の課題意識を発端とした単元展開
・他者との協働で課題解決する学習活動
・すでに習得した知識や技能を活用・発揮する場面設定

4 ▶ 単元の評価規準

写真1　修学旅行先でのワークショップ（東京都）。参加した幼稚園児とアクセサリー作り

・縄文文化に関わる創作活動で，習得した知識や技能を次の活動や実生活に活用する。
・活動から課題を見つけ，その解決方法について考え，次の活動として発展させる。
・自分の役割を果たし，多様な他者と協力して活動を遂行する。

5 ▶ 単元指導計画

時	学習内容	学習活動	育成を目指す資質・能力
1〜4	●興味・関心の向上 ●活動イメージの協働構築と課題解決	① 課題把握 ・ワークショップの名前と活動内容の決定 ・集客方法の考案（チラシ制作依頼，招待状等の制作）	★伝えたいことについて構想し，企画を立てる。思 ★情報を基に課題を見いだし，解決の方策を考える。思
5〜14	●習得した知識や技能の活用	② 課題追究 ・ワークショップの準備（イメージの具現化）	★友達と一緒にこれまで学んできた知識や技能を活用し，参加者の立場で準備を進める。知学
15〜16	●知識や技能の定着と学びに対する意義の確認	③ 課題達成（修学旅行） ・ワークショップの実施（石器ナイフ体験，弓矢体験，アクセサリー作りなど）	★参加者との対話や活動を通して，知識や技能を定着させるとともに，人との関わりに対する意欲を育む。学
16〜17	●経験したことを表現できるようにする	④ 振り返り ・礼状や活動のまとめの作成	★自らの経験に対する客観的な理解を通し，成果や課題を明確にする。知学

6 ▶ 本時の展開〔第7時〕

（1）本時の目標
・参加者にワークショップを楽しんでもらうために必要な事柄を考え，発表する。

（2）本時の展開

学習活動	指導上の留意点	評価規準
導入（10分） 学習課題をもつ。		
① 本時のねらいを設定する。	・参加者に楽しんでもらうためには，応対の仕方が大切であることの気付きを促すよう，生徒同士でロールプレイをする。	・自分たちでねらいを設定できる。思
展開（40分） 幼稚園児をはじめとする様々な参加者に楽しんでもらえるような応対の仕方について意見を出す。		
② 活動グループごとに参加者を想定し，「説明の仕方」，「手伝いの仕方」などの観点に基づいて意見を出し合い，具体的な方策としてまとめる。	・ワークショップの参加者を想定できるよう，自分たちが行う集客の方法（会場のアートセンター近隣の幼稚園への招待状，秋葉原駅前でのチラシ配り）を問いかける。 ・これまでの経験から，相手によって応対の仕方が異なることを思い出せるよう，保育園や老人ホームとの交流の写真を提示する。 ・自分の意見をまとめたり，友達の考えに気付いたりするよう，観点を提示したマトリックスに付箋を貼る活動を行う。	・自分たちの行う集客の方法から参加者を想定できる。思 ・これまでの経験からふさわしい応対の仕方を考え，文章に表す。思
まとめ（10分） 友達の考えに興味をもち，知識を共有する。		
③ 出た意見を発表し合う。	・グループごとの発表から，共有できる応対の仕方などを紹介する。	・友達の意見に興味をもつ。学

7 ▶ 生徒の学びの姿

本単元では生徒たちの課題意識を大切にしてきた。修学旅行先でのワークショップも生徒たちから「自分たちが学んだ縄文文化についてたくさんの人に伝えたい」、「東京ドームで踊りたい」との意見から計画をスタートさせ、ワークショップの内容や参加者への応対等、これまでの経験を基に準備を進めていった。当日、参加者が集まるかが懸念されたが、会場となる千代田区にある「アートセンター Arts Chiyoda 3331」の近隣の幼稚園に事前に送った招待状や秋葉原駅前でのダンスとチラシ配りといった告知活動が功を奏し、当日は80名を超える参加者が訪れ、ワークショップは大盛況に終わった。

写真2　石器ナイフの作り方を優しい言葉で教える

修学旅行を終え、卒業を控えた生徒たちから「これまでお世話になった方に感謝の気持ちを伝えたい」という意見が挙げられ、生徒自身の企画による「感謝の会」を行った。会の内容についての話し合いで、土器の展示や縄文の踊りの披露、縄文食の振る舞い、修学旅行で行ったワークショップなど、3年間の学習を想起しながら提案することができた。当日、生徒たちは、40名余りの参加者を相手に、縄文食を調理して勧め、土器作りや踊りなどの取組をポスターセッションで説明した。これまでの学びを自分の言葉で話す姿に、生徒たちの学びの深まりとともに、生徒自ら集大成としてふさわしい活動を計画し、仲間と共に実現できたことに大きな成長を感じた。

本単元では、生徒たちの課題意識とともに、がんばれば望む結果が得られる経験を積み重ねること、たとえ望む結果が得られなくとも取組自体を評価すること、そして、その評価は他者との比較ではなく、以前の生徒自身よりも成長したことに対する評価を心掛けてきた。自信をもって新しいことに取り組もうとする意欲や、他者や社会へ関わろうとする姿勢が培われたのは、生徒自身が学びの成果と自分の成長を実感できたからであり、この学習が自分の生き方や社会との関わり方と結び付いた学びであったからだと考える。

〈秋田県立栗田支援学校：北島　珠水〉

◀　**本事例における「主体的・対話的で深い学び」の視点**　▶

地域の施設見学を契機に、生徒が興味・関心を抱いた縄文文化について、地域の人的・物的資源を活用し、3年間を通して横断的、計画的に単元設定されている。1年次では体験活動を中心に行い、2年次に表現活動に広げ、3年次はさらに発展させ、修学旅行先でワークショップを実施した。各活動で身に付けた知識・技能を生かし、他者と協働する場面を意図的に配することで達成感を味わい、積極的に社会に関わろうとする意欲につなげている。

協同学習による
コミュニケーション能力の向上を
目指した授業づくり
～グループディスカッション～

1 ▶ 実践の概要

　本実践は，「主体的・対話的で深い学び」を実現すべく，協同学習の手法を用いた授業である。協同学習では，互恵的な相互依存関係の構築，対面的なやり取り，個人としての責任の明確化，協同学習スキルの指導，チームの振り返りという五つの要素を盛り込む必要がある。文章を読み，それに関したテーマを教師が提示し，グループディスカッションを行う授業の中で，これらの協同学習の5要素を組み込んでいる。

2 ▶ 単元の目標

（1）単元目標
・文章の内容や筆者の主張を理解し，意見を述べ交換することができる。
・自分の伝えたいことを，理由を添えて，意見として分かりやすくまとめることができる。
・自分の役割を理解しながら，話し合いに主体的に参加することができる。

（2）単元で働かせる「見方・考え方」
・文章に含まれている情報を読み取り，内容を正確に理解する。
・言葉の特徴や使い方を捉え，どのような言葉を選んで表現するのが適切であるかを判断し，表現する。

3 ▶ 単元について

（1）生徒の実態
　年度初めの到達度テストで高得点を記録した8名が在籍するグループである。長文読解を得意とする生徒と，短文ならば読解できる程度の生徒が4名ずつ在籍している。
　自分の意見に理由を付けて発言する方法を学習しているが，適切に発言できる生徒と難しい生徒が混在している。難しい生徒も，学習集団の構成によっては，自発的に発言できる場合がある。一方，発言は自主的・積極的ではあるが，自己主張が強く出る生徒も見受けられる。

（2）単元の設定
　本学年の国語では，全単元を通じてコミュニケーション力の向上を目指している。本単元では，文章を読解し相手に分かるように内容を伝えるという前単元の復習に加え，そこに書かれていることについてどう思うか，自分なりの考えを相手に伝えるという力を付けるために構成した。また，全員の前で意見を発表することで，さらに他者の意見にも耳を

傾け質問したりすることで，多様な意見があること，自分の考えに自信をもつこと，そして主体的に考え意思表明することの大切さを理解できるようにしたいと考えた。

（3）配慮事項

・話し合いの流れや結論を視覚化し共有できるようにする。
・場に応じた話し方で発言するよう促し，適切ではない場合は教師が改善のポイントを示し，適切な表現で発言するよう促す。
・適切に発言や進行ができた場合は，そのポイントを全体に伝えた上で称賛する。

4 ▶ 単元の評価規準

・文章の内容や筆者の主張を理解し，意見を述べ交換することができている。
・自分の伝えたいことに理由を添え，分かりやすく意見をまとめることができている。
・自分の役割を理解しながら，話し合いに主体的に参加することができている。

5 ▶ 単元指導計画

時	学習内容	学習活動	育成を目指す資質・能力
1〜2	●話し合いの仕方	① 理由を付けて意見を述べる方法を知る。 ② 発言の仕方に注意しながら話し合いの流れを確認する。	★単語，助詞，接続詞などを適切に活用し，自分の意見を相手に伝わるように表現する。知
3〜8	●グループディスカッション	③ 新聞の投書を読み，自身の考えをまとめ，テーマに基づいた話し合いを行う。	★話題や展開を捉え，発言や進行の仕方を工夫する。思 ★自分の考えとは異なる他者の発言のよさに気付き，受け入れる。学

6 ▶ 本時の展開〔第5時〕

（1）本時の目標

・仲間の意見に対して意見や質問をすることで，具体的な話し合いをすることができる。
・前時の振り返りを踏まえて，発言や話し合いの仕方を改善することができる。

（2）本時の展開

学習活動	指導上の留意点	評価規準
導入（5分） 前時の復習		
① 前時の話し合いのよかった点と課題点について確認し，本時の目標を知る。	・前時の振り返りシートを用いて確認するように促す。 ・各自及び全員の目標を確認し，全員の目標は板書する。 ・全員が協力して考えをまとめることを確認する。	★本時の目標を理解している。学

展開（35分） 文章読解と話し合い		
② 文章を読み，筆者の考えを全員で共有する。	・穴埋め式の問題を解いて筆者の考えをまとめるように促す。各自で解答した後，周囲の生徒と確認し合い，最後に全員で答え合わせを行う。	★文章の内容や筆者の考えを正しく理解している。知
③ テーマについて自分の意見をまとめる。	・筆者の考えに対してどう思うかという話し合いのテーマを設定し，自分の考えをまとめるように促す。 ・意見に対する理由を明確にするため，生徒の理解度に合わせた記述欄を設ける。また，相手に伝わりやすい記述になっているか確認する。	★自分の考えをまとめることができている。知 ★相手に伝わりやすい表現でまとめることができている。思
④ 話し合いをする。	・ローテーションで司会，副司会，記録，発表の各役割を分担するように進める。 ・司会は進行手順表を基に話し合いを進める。記録はホワイトボードに記入し，必要に応じて教師が補助する。 ・必要に応じてメモを取る。 ・各自，自分の意見を述べる。 ・他者の意見に対する意見や質問を述べる。 ・話し合いの結果を発表する。	★自分の役割に責任をもって取り組んでいる。学 ★状況に合わせて発言や話し合いの仕方を工夫することができている。思
まとめ（10分） 振り返り		
⑤ 話し合いを振り返る。	・振り返りシートを用いて自己評価するよう促す。 ・自己評価を発表し，他者へのアドバイスを述べる。 ・次回の話し合いに向けた改善点が理解できるよう，教師が講評を行う。	★よかった点と課題点を的確に見つけることができている。思

7 ▶ 生徒の学びの姿

　中堅学年の2年生として後輩を導いていこうとする中学生の作文（新聞の投書）を読み，「後輩のために，先輩としてどうしたらよいか」というテーマで話し合いを行った。

　話し合いの前段として文章読解に取り組んだときは，要約文を穴埋め式にした問題を解くことで，さらに仲間同士で答え合わせを行うことで，生徒は正確に文章の内容を読み取ることができた。

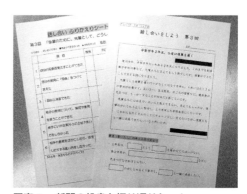

写真1　新聞の投書と振り返りシート

　その後，自分の意見と理由を個人で考える活動では，教師の助言や過去の学習経験を基に，自分なりに相手に伝わりやすい言葉や表現を工夫して考えをまとめている様子が見られた。

　話し合いに入る際は，互恵的な相互依存関係を構築すべく，導入の段階で目標や協力し合って考えをまとめるための話し合いの心得を確認することで，よりよい話し合いにする

ための意識付けを図った。また，対面的なやり取りを促すため，話し合い時は，得意な生徒も苦手な生徒もいる8名全員が一つのグループとなって行うよう設定した。

　これらの結果，相手の意見が分かりにくいときに「つまりこういうことですか」と聞き返すといった助け舟を出す生徒がいた。さらに，個人の責任として，司会や記録の役割のほか，1人1回は必ず発言するという役割をもつことで，教師や仲間の助けを得ながらも役割を果たそうと努力していた。話し合いの最中に用いる言葉遣いは，事前に提示した話し合いの心得「相手の考えを否定しない」を守り，相手を不快にさせる言い方や攻撃的な言い方をしないようにという協同学習スキルを指導することによって，全員が丁寧で柔らかい言葉や表現を用いたり，自ら言い直したりする様子が見られた。

　話し合いを終えて，振り返りシートを用いて本時の学習の「振り返り」を行った際には，たくさん発言したり，学習の目標を達成できたりしたと評価する生徒が多かった。さらに，8人1チームとしてどうだったかを振り返ると，もっとこうしたほうがよいという意見を述べる生徒もいた。このような授業を継続したことで，生徒の学習に対する主体性が増し，「情報を読み取る力」や「自分の意見を適切な表現で発言する力」が伸び，話し合いの内容を深めることができた。

〈北海道今金高等養護学校：矢倉　一〉

◀　**本事例における「主体的・対話的で深い学び」の視点**　▶

協同学習の方法によりグループディスカッションをし，コミュニケーションに必要な力を高め，仲間同士で課題解決する学習の過程がある。話し合いの心得の提示や役割分担により，生徒がよりよい言葉を選んで思いや考えを伝えたり，相手に応じて適切に話したり聞いたりするよう意図されている。振り返りシートで具体的に自己評価，他者評価し改善を図ることで，場面や状況を踏まえて生活の中で適切に話す方法を身に付ける学びに深めている。

三角形の性質を活用して，高さを求めよう
～図形の特徴と性質～

1 ▶ 実践の概要

　本実践では，三角形の性質を利用した2点間の高さの測量を目標とする。三平方の定理や相似な図形の性質などを活用した測量技術は古くから用いられている。本実践での計測の際にはタブレット型端末と角度・距離測定アプリケーションソフトを利用した。著名な建造物，自然物などの具体物の高さと図形の学習内容を結び付けて考えるなど，現代技術の体系が古くから数学で根拠付けられることを実感する実践とした。

2 ▶ 単元の目標

（1）単元目標
・自然物や建造物の高さなど，身の回りにある数量を意識し，計算方法を理解する。
・具体的な事象の数量関係を，三角形の性質を用いて正確に表現できる。
・学習内容を用いることで，卒業後の生活の場や職場での課題解決に数学が活用できることを知る。

（2）単元で働かせる「見方・考え方」
・三角形の辺と角の基本的な関係を理解し，具体的な事象の考察に活用できる。
・身の回りから直角三角形を見いだし，その性質を利用して考察することができる。

3 ▶ 単元について

（1）生徒の実態
　アンケートによると，数学が嫌い，苦手と感じている生徒が半数以上いる。図形に関しては，小・中学校で学習してきた生徒も多いが，大半の生徒が内容を忘れてしまっている。そのために，計算が苦手な生徒への電卓の貸与，数量をイメージしやすくするためのICT機器などを用いた視覚的な教材，注視物を選択しやすくするための環境整備，習熟度別のワークシートなど，習熟の段階に応じた学習活動の保障を図っていく。学習態度は，「発言が多く出る」，「発問に対して意欲的に答えようとする」など，生徒の授業に臨む姿勢は積極的である。生徒の主体性を成功体験につなげ，数学への苦手意識を払拭していきたい。

（2）単元の設定
　身の回りにある人工物，自然物は図形で構成されている。それぞれの図形の特徴と性質がある中で，本単元では三角形の性質を利用した2点間の距離，高さの測量を目標とする。

『塵劫記』(吉田光由著，岩波文庫，1977年)によれば，直角三角形の3辺間の関係としての三平方の定理，また相似な図形の性質を利用することで，直接測定することが困難な2地点間の距離や高さを求める方法は，江戸時代から用いられてきた「和算」を応用した測量技術である。三角形の辺と角の関係といった基本的事項を身に付けるばかりでなく，2地点間の距離の計量や立体図形に三角比を活用でき，本単元の学習内容が古くから身の回りに活用されている事例の一つである。

　授業では，著名な建造物，自然物の高さといった具体物の距離，高さと結び付けたりする等し，日常生活で三角比を想像するために必要な知識・技能を習得させ，主体的に使用していこうとする態度を育てる。そして，三角比を応用することで，カーナビゲーションシステムやGPS機能を用いた距離の測定，地図の配置，車椅子のためのバリアフリー住宅設計基準におけるスロープの勾配などの技術や計算方法を知り，現代技術の体系が古くから数学で根拠付けられることを学ぶ単元としたい。

(3) 配慮事項

・単元の導入，中間，まとめ時に外部の専門家を介して，説明や意見，評価を受ける。
・ワークシートは習熟度別に3種類用意し，生徒自身が選択できるようにする。
・定期的な言葉かけとペア学習時の教師，ペア生徒との応答による正しい解答法を導く。

4 ▶ 単元の評価規準

・三角比の相互関係を理解し，計算から距離，高さを求めることができる。
・2点間の距離，高さを図形として捉え，三角形の性質を活用して求めることができる。
・身近にある課題に興味を示し，学習内容を利用して課題解決に取り組もうとしている。

5 ▶ 単元指導計画

時	学習内容	学習活動	育成を目指す資質・能力
1	●導入「建造物や自然物の高さはどのように測るのだろう？」	① 動画で大学教授から発問と説明を受ける。 ② 単元の学習内容と計画を知り，高さの測定方法について調べる。	★学習内容について興味をもち，進んで求めようとしている。学
2	●調べてきたことを発表しよう	③ 調べてきた測定方法について発表を行う。調べた結果から本単元で必要となる知識を考える。	★三角形の特徴と性質を理解している。知
3〜5	●高さを求めるために必要となる知識を復習しよう	④ 既習内容「小数の計算」，「比の表し方と計算方法」，「角度の求め方」について復習を行う。	★小数の計算，比の意味や表し方，角度の求め方を理解している。知
6	●三角形の性質を利用して，角度と距離から身の回りにある建造物や自然物の高さを求めてみよう	⑤ ビデオ通話アプリで大学教授から三角比の説明を聞く。 ⑥ グループごとに，身の回りにある建造物や自然物の高さを求める。	★三角形の角と辺の比の関係性に気付くことができている。思

7	●三角形の性質を用いて、身の回りにある建造物や自然物の高さを調べ、計算し、発表準備をしよう	⑦ 体育館の天井、バスケットゴール、駅の時計など、それぞれの高さを調べる。 ⑧ 説明原稿など、プレゼンテーションに向けた準備をする。	★身の回りにある高さについて進んで調べようとしている。[学]
8	●調べてきた建造物や自然物の高さを発表しよう	⑨ 身の回りにある建造物や自然物の高さについて発表し、教師、生徒からの評価を受ける。	★高さを求める方法について理解し、論理的に説明できている。[思]
9	●まとめ「三角比を応用した身の回りにある技術」	⑩ 三角比がGPS機能を用いた距離の測定、スロープの勾配などの現代技術に活用されていることについて知る。	★単元の学習を振り返り、学習内容がどのような事象に用いられているか、理解できている。[知]

6 ▶ 本時の展開〔第8時〕

(1) 本時の目標
・三角形の特徴や性質を利用して、身の回りにある建造物や自然物の高さの求め方について理解し、求め方の立式、計算方法、答えについて発表する。

(2) 本時の展開

学習活動	指導上の留意点	評価規準
導入（10分） 前時までの学習内容を振り返り、本時の学習内容を知る。		
① 前時の復習 ② 本時の目標確認	・前時の学習内容を振り返る。また、例となる他クラスの発表動画を視聴する。	★学習内容に興味をもち、意欲的に取り組んでいる。[学]
展開（25分） ペアで調べてきた具体物の高さについて発表をし、評価を受ける。		
③ ペアでの発表準備 ・身の回りにある建造物や自然物の高さの発表準備をする。 ④ プレゼンテーション ・準備した身の回りにある高さを発表する。 ⑤ 助言と評価 ・発表内容について、教師、生徒からの助言と評価を受ける。	・準備した高さの求め方の根拠、論理的に説明するための立式、計算方法など、発表の準備を行う。 ・グループごとに準備した「高さ」を求めた具体物の写真、計算式をホワイトボードに掲示、板書する。 ・発表した内容について、教師、生徒間からの助言、評価を受ける。	★既習内容を利用して、準備物の高さを論理的に説明できる。[思] ★発表の意味を理解し、解決方法を見いだすことができる。[思]
まとめ（5分） 本時の活動の内容を振り返り、肯定的な評価を行っていく。		
⑥ 確かめと振り返り	・「三角形の特徴と性質を用いることで、目標物の距離と角度から、身の回りの高さを求めることができる」	★基本的な学習内容について理解している。[知]

7 ▶ 生徒の学びの姿

本実践において，ICT機器の活用，ペアやグループでの学習を意識した単元，授業づくりを基本とした。導入，中間，まとめには，大学教授から発問，助言，評価をしてもらったところ，ユニークな発言，解答も多く出るなど，「高さ」を計測する手立てや方法だけでなく，学習内容の有用性にも生徒の興味・関心があることを実感した。

写真1　タブレット型端末で角度を測る

成果としては，認知や身体面で配慮を必要とする生徒に対して，ICT機器を活用することで個別の支援ができ，強みを生かした指導につなげることができた点である。それが，教科に対する苦手意識の減少につながり，技術を向上させることができた。また，アセスメントバッテリーの結果を生かすことにより，個別の支援方法について検討し，生徒の強みを生かした指導を行うことができた。

課題としては，今後もICT機器を活用する適切なタイミングの精査，外部の専門家との連携，一斉指導と個別の支援をどのように配分していくかを考えることである。それらを推進しながら，生徒が学ぶ楽しさを味わい，主体的に学ぼうとする態度を今後も育成していきたいと考えている。

〈東京都立青峰学園：辻村　洋平〉

◀ **本事例における「主体的・対話的で深い学び」の視点** ▶

ICT機器の活用や外部専門家の説明などにより，生徒の学習意欲が高められ，主体的に問題を解決する学習になっている。著名な建造物等と学習内容を具体的に結び付けることで，現代技術の体系が古くから数学で根拠付けられていることへと学びを進めている。日常の事象を数理的に捉え，見通しをもち筋道を立てて，論理的，統合的・発展的に考察したり，課題解決したりする力を活用し，生活をより豊かにしていくことに発展させている。

体力のアンバランスさに働きかける サーキットトレーニング
〜体つくり運動（体力を高める運動）〜

1 ▶ 実践の概要

　高等部の男子1学年を対象とした保健体育の授業において，体つくり運動のうち体力を高める運動の内容を指導している。生涯にわたる体力増進や健康の維持といった体育や保健体育の見方・考え方を基に，生徒が自分の課題や体力の変化，各種目の正しい行い方を確認したり，適切な動きについてのペアの助言を基に振り返り・目標づくりをしたりすることができる学習プリント集「体力カルテ」の活用等の工夫を行っている。

2 ▶ 単元の目標

（1） 単元目標
・体力の偏りに気付き，それを補う運動の正しい行い方が理解できる。
・伸ばしたい体力に見合った運動を考え選び取ることができる。
・各運動に積極的に取り組み，生涯を通して運動に親しむことができる態度を養う。

（2） 単元で働かせる「見方・考え方」
・自分の体力の課題を就業する上での課題として捉え，生涯にわたる体力増進や健康維持の重要性に気付く。
・各運動の特性に着目し，伸ばしたい体力の向上に果たす役割の視点から捉え，自分の目標を定める。
・自己の体力の現状を知り，それに応じた運動や強度，回数等を考え実施する。

3 ▶ 単元について

（1） 生徒の実態
　職業的自立及び社会参加を目指している特別支援学校高等部1年生男子生徒で，ほとんどの生徒が卒業後すぐに就業することを目指している。4月に実施した新体力テストでは，体力の低さや体力のアンバランスさが見られた。また，スポーツ等に関するアンケートでは，スポーツ・体育には意欲的だが，体力には自信のない生徒が多いことも分かった。さらに，これまでの授業の様子から，視覚教材を見て確認することで，動きを順序立てて理解したり，他者からの助言を素直に受け入れ実践したりする生徒が多くいることも分かった。

（2） 単元の設定
　職業的自立及び社会参加を目指しているにもかかわらず体力が低いことから，体力を全

面的に向上させる必要があると考えた。そこで，体力の向上に直接的に働きかけることができる体力を高める運動においてサーキットトレーニングを行うことにした。運動種目については，体力の構成要素を全面的に高めることができる上，実際生活で継続可能な種目（ボールツイスト，ペットボトルフライ，バージャンプ，コーンタッチ）に加え，体力のアンバランスさを改善するために各自が選択し重点的に取り組む種目（腹筋，シャトルラン，手押し車，ランジ，なわとび，体幹のうち一つ）の計5種目を設定することにした。

（3）配慮事項

- 体力の現状を客観視できるように，新体力テストの結果をレーダーチャートで示す。
- 各運動の基礎的，基本的な技術の習得に課題がある生徒が多いため，正しい行い方について実践することで覚える活動を設定する。また，体力カルテには行い方のポイントをキーワードでまとめ写真とともに載せ，生徒が自分で確認できるようにする。
- 体力に自信のない生徒が取り組みやすくなるように，種目によって運動強度及び目標回数に複数の基準を設定する。

4 ▶ 単元の評価規準

- 各運動の行い方について学習したポイントの言葉を用いて言ったり書いたりしている。
- ねらいや体力に応じて効果的に高められる運動を選択している。
- 体つくり運動に積極的に取り組み，家庭においても取り組もうとしている。

5 ▶ 単元指導計画

時	学習内容	学習活動	育成を目指す資質・能力
1	●自己の体力の現状を知る。	① 新体力テストの結果から，自分の体力を読み取る。 ② 各テスト項目の体力の構成要素を知り，自分に必要な体力について考え，学習プリントに記入する。	★自分の体力の課題に気付く。思
2	●将来仕事を続けるために，特に伸ばしたい体力の構成要素とそれに適した運動を考え計画する。	③ 卒業生が働いている様子が映った動画を見る。 ④ 自己選択ゾーンで重点的に取り組む種目を選択する。	★体力を高める運動の必要性に気付く。知 ★自分の課題に応じた運動を選び取る。思
3〜15	●各運動の特性を理解する。 ●自己の体力の現状に応じた運動強度及び目標回数を選択・実践する。	⑤ 実際に体を動かしながら動きを覚える。 ⑥ 運動強度及び目標回数を考え，学習プリントに記入する。 ⑦ サーキットトレーニングを実施する。	★各運動の正しい行い方を理解する。知 ★体力の高まりに応じて運動強度及び目標回数を上げていく。学 ★各運動に積極的に取り組む。学
16	●自己の体力の現状を知る。	⑧ 再度実施した新体力テストの結果から，体力の高まりを読み取る。	★体力の高まりに気付く。思 ★生涯を通して運動に親しむことの必要性に気付く。学

6 ▶ 本時の展開〔第8時〕

(1) 本時の目標
・ボールツイストのポイントを押さえた動きを行うことができる。
・ペアの動きに注目したり助言したりすることができる。

(2) 本時の展開

学習活動	指導上の留意点	評価規準
導入（21分）　準備体操及び柔軟性を高める運動の行い方の理解，本時の流れの理解，ボールツイストのポイントの理解，運動強度及び目標回数の選択		
① 準備体操及び柔軟性を高める運動をする。 ② 本時の説明を聞く。	・ボールツイストのポイントを理解できるよう，よい例と悪い例を比較できる動画を提示する。 ・ポイントを自ら確認できるよう，体力カルテで視覚的に示す。	★よい例と悪い例の違いについて答えることができる。思 ★体力カルテを見てポイントを確認することができる。思
③ 運動の計画を立てる。	・運動の計画を立てられるよう，基準や前時の記録を参考にするように強調して伝える。	★運動の計画を立てることができる。学
展開（17分）　ボールツイストの行い方の理解，ペアへの助言，自己の動きの振り返り		
④ サーキットトレーニングを行う。	・ポイントを押さえた動きに修正できるよう，ペア活動を取り入れる。 ・ポイントをすぐに確認できるよう，各実施場所に体力カルテと同様の「行い方カード」を置く。 ・自己の動きを確認できるよう，ICT機器で動画を撮って示す。 ・理解したポイントが定着するとともに意欲が高まるよう，できているときに称賛する。	★ポイントを押さえた動きを行っている。理 ★ペアの動きに注目したり助言したりすることができる。学
まとめ（12分）　他者評価，自己評価		
⑤ 記録用紙に記録する。	・ペアからの助言を参考にして自己評価を行うよう，強調して助言する。	★助言を取り入れ，自己評価を行うことができる。表

7 ▶ 生徒の学びの姿

自己の体力の課題を就業する上での課題として捉え，運動強度や目標回数を徐々に上げていくなど，課題改善を目指して本単元に積極的に取り組んだ。上体起こしの落ち込みが顕著であった生徒は，レーダーチャートを見て自己選択ゾーンで行う種目の中から腹筋を選択するなど，伸ばしたい体力に見合った運動を選択することができた。

写真1　ペアで助言し合う場面

また，ペア・指導者からの助言を素直に受け入れ，自己評価を行ったり動きを修正したりすることができた（写真1）。さらに，「次は回数を増やしたい」と記録用紙に記述したり，記録の伸びを嬉しそうに指導者に報告したりするなど，積極的に取り組む様子が見られた。

計9時間のサーキットトレーニング実施後に測定した新体力テストでは，上体起こしの記録を大きく伸ばし，体力のアンバランスさを改善することができた（図1）。その結果を見て，「家でもするように頑張っていきたいです」と記述するなど，生涯を通して運動に親しむことの必要性に気付くことができた（図2）。

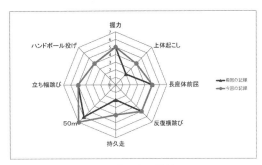

図1　新体力テストの前回との比較

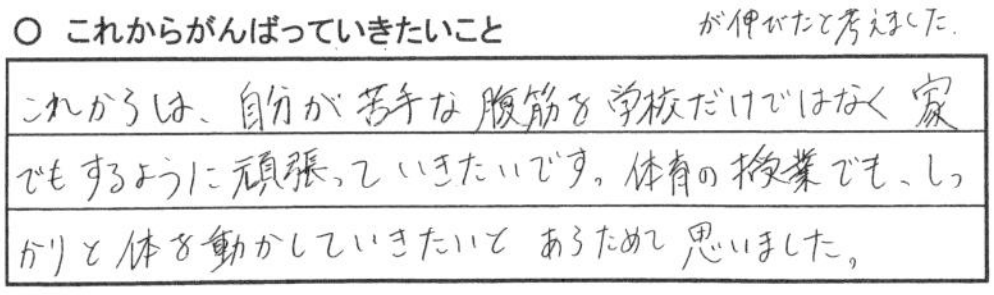

○ これからがんばっていきたいこと

これからは、自分が苦手な腹筋を学校だけではなく家でもするように頑張っていきたいです。体育の授業でも、しっかりと体を動かしていきたいであらためて思いました。が伸びたと考えました。

図2　感想文

〈福岡県立特別支援学校「福岡高等学園」：大村 和成〉

◀ **本事例における「主体的・対話的で深い学び」の視点** ▶

就労に必要な体力を付けるという明確な目的の下，視覚化されたレーダーチャートで自己の体力を分析し，思考・判断し，課題を解決するための活動の組立を自己選択・自己決定する過程が大切にされている。生徒が意欲的に学習を積み重ね，正確な知識や技術を習得し，達成感を味わい，生涯にわたって運動に親しむことや健康の保持増進，体力の向上を目指して，明るく豊かな生活を営むことの重要性に気付く活動として充実が図られている。

自己理解の力を育むための授業実践
～進路先について知ろう　いろいろな仕事～

1 ▶ 実践の概要

　高等部2年の「職業」の授業実践である。身近な事業所の仕事について理解を深めることと，適切な進路選択に必要となる自己理解の力を育むことに焦点を当てている。実際にいくつかの仕事を体験する場面を設定し，チェックリストを用いた評価を取り入れることで，自分の仕事への適性について主体的に考えることをねらいとした事例である。

2 ▶ 題材の目標

（1）題材目標
・身近な進路先について知ることができる。
・それぞれの事業所の仕事内容に関心をもち，仕事内容が社会へとつながることについて知ることができる。
・仕事の体験を通して自分の得意なことや不得意なことについて考え，自己理解を深めることができる。

（2）題材で働かせる「見方・考え方」
・身近な進路先での仕事内容はどのように行っているのか，また，社会にどのようにつながっているかという視点をもつ。
・自分にはどのような特徴の仕事が向いているか，向いていない仕事の特徴は何かについて，自分だけでなく友達からの視点も取り入れながら考える。

3 ▶ 題材について

（1）生徒の実態
　本学級は，高等部2年生の男子7名，女子1名の計8名で構成されている。卒業後，一般就労を目指している生徒，福祉サービス事業所での福祉就労を目指している生徒，現時点で見通しがもつことが難しい生徒などがおり，進路に関する実態には大きな差がある。
　これまで，職場見学や実習を通していくつかの身近な進路先について学習する中で，興味をもった事業所や，やってみたい仕事について口にする姿が少しずつ見られるようになってきている。しかし，進路先に関する知識，働く意義についての理解は不十分な段階にある。また，自分や友達のよさに目を向けたり，自分の課題を受け入れたりすることが難しい生徒が多く，自己理解・他者理解の力が十分に育っていない状況にある。

（2）題材の設定

本題材は，身近な進路先の仕事内容について理解を深め，社会の一員として働く意義や仕事に向かう姿勢について知るきっかけにしたいと考えて設定した。それぞれの仕事の特徴を考える中で，適性があることに気付き，適切な進路選択につながる自己理解の力を育むことに焦点を当てている。また，実際に仕事内容を体験する場面を設けることによって，仕事の適性について主体的に考える姿を引き出したいと考えた。

（3）配慮事項

- 体験の場面では，特徴の異なる仕事内容を取り上げることによって，比較がしやすいようにする。
- 友達とペアになって互いの体験の様子を評価し合ったり，アドバイスをし合ったりすることで，生徒同士が意欲的に学び合う姿を引き出す。
- チェックリストを活用することで，自己評価，他者評価のポイントを明確にする。

4 ▶ 題材の評価規準

- 身近な事業所の仕事内容や，その特徴について理解できる。
- 事業所での下請けの仕事が社会へとつながることに関心をもったり，主体的に仕事の体験をしたりすることができる。
- 自己評価と他者評価を基に，得意な仕事，不得意な仕事やその理由について考えることができる。

5 ▶ 題材指導計画

時	学習内容	学習活動	育成を目指す資質・能力
1〜2	●身近な事業所の仕事内容等についてまとめる。	① 興味のある事業所を選択する。 ② 各自，事業所の仕事内容や勤務時間等についてまとめる。	★事業所の仕事内容，勤務時間等を正しく理解する。【知】
3〜5	●発表し合う。 ●それぞれの仕事内容が，社会へとつながることについて知る。	③ まとめたことを発表し合う。 ④ 映像や写真を基に，事業所からの仕事が，生活の中でどのように用いられているかを知る。	★事業所からの仕事内容と，生活場面とのつながりを理解する。【知】
6〜7	●いくつかの仕事を体験し，友達と評価し合う。 ●自分の適性について考える。	⑤ 特徴の異なる四つの仕事を体験し，友達と評価し合う。 ・紙袋のひも通し，段ボール仕切り，はし入れ，ソバの実の選別（ビーズで代用）。 ⑥ 仕事への自分の適性を考える。	★主体的に仕事を体験したり，友達の評価をしたりする。【学】 ★仕事の特徴を捉え，仕事への自分の適性を考える。【知】【思】

6 ▶ 本時の展開〔第7時〕

(1) 本時の目標
・それぞれの仕事内容や特徴について知ることができる。
・実際に仕事を体験することを通して，自分がやってみたい仕事や得意な仕事，不得意な仕事について考えることができる。

(2) 本時の展開

学習活動	指導上の留意点	評価規準
導入（4分） 前時の学習を振り返り，本時の学習内容について知る。		
① 始まりの挨拶をする。 ② 前時の学習を振り返り，本時の学習内容について知る。	・本時の目標や学習内容について，ホワイトボードに提示しながら説明をする。	
展開（26分） ペアになって仕事を体験し，チェックリストで評価をする。		
③ それぞれの仕事のやり方を知る。 ④ 二人組になり，一方の生徒は体験をし，もう一方の生徒は友達の様子を評価する。 ⑤ 体験をした生徒は，チェックリストに自己評価を記入する。 ⑥ 後半は交代して行う。	・手順表や見本を準備し，仕事内容を確認しながら取り組めるようにする。 ・ペアを確認し，前時に行っていない二つの仕事を体験することを伝える。 ・友達の様子を見て，「〜するといいよ」というアドバイスしてもよいことを伝える。 ・チェックリストを基に評価をするように伝える。	★体験を通して，仕事内容や特徴を理解することができる。知 ★主体的に体験をしたり，友達の様子を見て評価をしたりすることができる。学
まとめ（20分） 考えをワークシートにまとめ，発表する。		
⑦ 前時の体験と合わせ，四つの仕事内容から自分が得意だと感じた仕事や，不得意だと感じた仕事について考える。 ⑧ ワークシートにまとめたことを発表し合う。 ⑨ 終わりの挨拶をする。	・「どれがやりやすかったですか？」，「難しい仕事はどれでしたか？」等，本人の思いを引き出す支援を行う。 ・友達からの評価も参考にすることで，客観的な視点をもつことができるように支援に当たる。 ・理由についても考えることができるように，「どこが難しかったですか？」などと言葉かけをする。 ・得意な仕事や不得意な仕事について考えることができた点を称賛する。	★得意な仕事や不得意な仕事，その理由について考え，ワークシートに記入することができる。思

7 ▶ 生徒の学びの姿

　実践の中で，生徒たちはそれぞれの仕事にとても意欲的に取り組んでいた。二人組となって評価し合う方法を取り入れたところ，生徒同士が互いにアドバイスし合ったり，よくできていたところを認め合ったりする姿が見られ，生徒同士の学び合いの姿を引き出すことができた。

　また，チェックリストを活用することによって，「できた」，「できなかった」を判断す

る視点が明確となり，自分が得意な仕事や不得意な仕事を主体的に考える材料となった。その理由についても，「はし入れの仕事はやりやすかった」，「細かい仕事は難しかった」，「紙袋のひも通しは，ひもの長さを同じにすることが難しかった」などとワークシートに記入すること

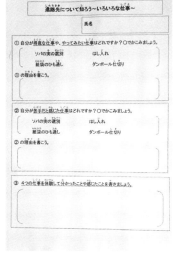

写真1　チェックリスト　　　写真2　考えをまとめるためのワークシート

ができた。一部の生徒については，「指先を使う仕事」，「力が必要な仕事」，「清潔への意識が必要な仕事」などの項目から仕事の特徴を捉え，それぞれの仕事に必要な力を考えることができた。また，「細かい仕事は集中力や器用さが必要」などと仕事の特徴についても捉え，自分の適性と結び付けて考える姿が見られた。

　後日，進路担当や保護者を交えて実施した進路相談会では，自分が経験してみたい実習先や苦手な仕事内容などについて，以前よりも具体的に話す姿が見られるようになった。

〈福島県立西郷支援学校：篠木　貴美子〉

◀　本事例における「主体的・対話的で深い学び」の視点　▶

調べ学習を基に，他者と様々な仕事内容や生活とのつながりについて考えを深め，特徴の異なる仕事を実際に体験して比較し，他者評価による自己理解を深めながら自己の適性を主体的に考える活動が丁寧に組み込まれている。実践的な根拠に基づいて進路を具体的に考えることで，職業生活に必要な理解を深めるとともに，様々な職業に関する能力を高め，将来の社会参加につながる力を伸ばすことの大切さに気付く喚起となった。

農園から，
働く上での大事なことを学習しよう
～本校独自の技術検定・全員合格を目指して～

1 ▶ 実践の概要

　本校では職業能力向上の活動の一環として「農業技術検定」を実施している。検定の項目は，年間もしくは3年間の農業実習の中で，農業分野の生産活動として外すことのできないもの，そして農場維持管理の観点から重要と考えられるものの中から一定の技術の水準が求められるものを選出した。主なものとして，播種，鉢上げ，野菜苗の定植，草花苗の定植などが挙げられる。

2 ▶ 単元の目標

　作業の技術を正しく理解し，実技でも確実にそれが行えるようにする。
（1）単元目標
・学科試験に合格する。
・実技試験に合格する。
・技能検定に正しく向き合い，合格を目指してしっかりと取り組む。
（2）単元で働かせる「見方・考え方」
・知識をいかに実技に生かすことができるか，また生かそうとしているか。
・生産作業において，規格を守る意識が高いかどうか。

3 ▶ 単元について

（1）生徒の実態
　2年生より，「農業ものづくりコース」と「福祉くらしコース」の専攻別に分かれて専門の教科は学習活動を行っている。農業ものづくりコースでは，1年生のときに学んだ知識と技術を基に，2年生から主体的に教材に向き合いながら，対話的で深い学びの視点の動植物の管理に重点を置いて指導しており，技術向上，高い意識付けの目的で，教材量の確保や施設設備の充実を進める等の工夫をしている。そのような中で，体力や持久力が身に付くなどの身体面での成果がある一方，製品や作品一つ一つに対する仕上がりへのこだわりが弱く，作業への向き合い方に課題がある。

（2）単元の設定
　野菜・草花苗に関する技術において確固とした習得を目指し，「播種」と「移植」の統一した基準を設けて，「技能検定」を実施する。この取組により，「正しい技術」，「正しい知識」を教師と生徒が互いに確認し合いながら，よりよいものを作り上げるためにはどの

ように作業を進めていくべきなのかを体感することができればと考えている。

(3) 配慮事項

- 生徒の実態から配慮したこと：全員が合格でき，かつ最低限に求められる作業能力はどの程度なのかを見極め，検定の合否のランクを3段階（1級，2級，3級）に分けて実施することにより，技術能力の向上への意欲を保ちつつ，現実的な検定に近づけた。
- 単元の特性から配慮したこと：本校独自の検定であり，農業実習現場で求められる技能を基準に，生徒の実態と照合して内容を考えた。

4 ▶ 単元の評価規準

- 播種，鉢上げ，定植に関する基本的な手順について理解し，作業をする上で必要な植物に関する基礎的な知識を身に付けている。
- 播種，鉢上げ，定植の実技の中で材料の状態を把握して適切に取り扱っており，正確さと効率を考えて工夫して作業を進めている。
- 播種，鉢上げ，定植に関心をもち，よりよく作業を進めるために学んだ知識と技術を進んで活用しようとしている。

5 ▶ 単元指導計画

時	学習内容	学習活動	育成を目指す資質・能力
1	●播種の知識・技術を習得する。	① 播種に必要な知識を試験する（学科試験）。 ② 播種の準備を行う。 ③ 播種作業（実技試験）。	★播種を行う際に重要な点を理解している。知 ★種子や用土の状態を把握して播種を行う。思
2	●鉢上げの知識・技術を習得する。	④ 鉢上げに必要な知識を試験する（学科試験）。 ⑤ 鉢上げの準備を行う。 ⑥ 鉢上げ作業（実技試験）。	★鉢上げを行う際に重要な点を理解している。知 ★プラグ苗や用土の状態を把握して鉢上げを行う。思
3	●野菜苗の定植の知識・技術を習得する。	⑦ 野菜苗の定植に必要な知識を試験する（学科試験）。 ⑧ 定植の準備を行う。 ⑨ 定植作業（実技試験）。	★定植を行う際に重要な点を理解している。知 ★ポット苗や畑土の状態を把握して定植を行う。思
4	●草花苗の定植の知識・技術を習得する。	⑩ 草花苗の定植に必要な知識を試験する（学科試験）。 ⑪ 定植の準備を行う。 ⑫ 定植作業（実技試験）。	★定植を行う際に重要な点を理解している。知 ★ポット苗や畑土の状態を把握して定植を行う。思

6 ▶ 本時の展開〔第1時〕

(1) 本時の目標

- 播種の知識・技術を十分に習得し，今後の農業の生産活動が有意義に行えるよう，かつ，生産作業に対し，より高い目標を設定できるような機会とする。
- 全員が学科試験・実技試験に合格することを掲げ，みんなで目標を実現できる環境をつくっていくことのできる集団づくりを行う。

（2）本時の展開

学習活動	指導上の留意点	評価規準
導入（10分） 検定の説明		
① 試験の流れを説明する。	・この技能検定の意義を十分に理解して、試験に臨むようにする。 ・学科試験を合格した生徒はただちに実技試験会場に移動し、実技試験をすぐさま行うことの流れをボードに提示しておき、無駄な時間が発生しないようにする。	★指示や説明を最後までしっかりと聴く。学 ★指示や説明どおりに実際に行えている。思
展開（30分） 播種の学科試験と実技試験		
② 学科試験開始。	・問題数20問。事前に提示した50題の中から出題する。 ・できた生徒から採点教員のもとへ持って行き、採点してもらう。 ・全問正解した生徒は実技検定会場へ移動。 ・誤答のあった生徒は再度、自分の席に戻り、問題を解く。誤答の箇所の解き直しが終わったら再び採点教員のもとへ提出し、採点をしてもらう。誤答箇所が正答ならば、実技検定会場へ移動し、実技検定を行う。	★学科試験にて、全問正解ができる。知
③ 実技試験開始。	・播種の実技検定開始。 ・手順・注意事項を逸脱した生徒は、即座に作業を止め、最初から検定を受ける。 ・手順・注意事項を遵守した生徒は、検定を続行する。	★資材や道具の状態に合わせて、作業を進めることができる。思 ★指示や説明を最後までしっかりと聴く。やり直しや中断の指示に正しく納得ができる。学
まとめ（10分） 検定の合格発表とこれからの連絡		
④ 検定の合格発表。	・検定が合格の生徒には合格修了証を発行する。 ・最後まで作業が到達していない生徒は、後日、検定を再度行い、合格まで取り組むことを説明する。	★検定合格の意味をしっかりと理解する。思

7 ▶ 生徒の学びの姿

　作業学習において、基礎的な技能を図る作業を10項目つくり、技術的にどのようなことが得意で、また苦手なのかを生徒個々に分析して、生徒たちにも理解できるよう数値化・図式化している。このことで、就労希望が叶えられるよう、これから具体的に何にどう取り組めばよいのかを明確にしている。日常の作業活動の中において力を入れる箇所が分かることは、生徒たちにもまた指導者の側からも、迷いのない努力がこれでできると確信できる取組であると思われる。

　毎冬、年末になると本校では門松作り

写真1　門松作りの様子

を行っている。たくさんの注文を受けて，地域の皆さんに気持ちよく新年を迎えていただくために，生徒たちの力で，全校を挙げての一大イベントである。竹を切る，竹をひもで括る，土を運ぶ，ハボタンを栽培する，松の枝振りを整える，販売場所まで運ぶ，お客様を出迎える。「門松作り」には働く要素が全て詰まっている。生徒たちはそこで，努力しながら，工夫しながら，働く力について自分の成長を１年ごとに実感している。

〈滋賀県立甲南高等養護学校：**野坂 鉄夫**〉

◀ **本事例における「主体的・対話的で深い学び」の視点** ▶

農業に関する基礎的・基本的な知識と正確な技術の習得を目指して「農業技術検定」に挑戦することで，自ら学ぶ意欲を高めている。また，自己技能の分析を視覚化することで，自らの課題が明確化し，具体的な内容を主体的に学習できるように工夫されている。学びの過程で，就労を視野に確かな力を身に付けようと積極的に働く意欲や態度が育ち，仲間との協働作業や販売活動を通して地域社会に役立つ喜びや仕事のやりがいへとつなげている。

他者との関わりを通して自分と向き合い，相手を思いやる優しい心を育てる指導
～目の不自由な方たちの生活～

1 ▶ 実践の概要

　本校の福祉の授業では，体験を通して福祉の心（人と関わる喜び，支え合い助け合う気持ち）を育てることをねらいとしている。知的障害のある生徒たち自身の障害理解を促すことを踏まえ，視覚障害，聴覚障害，肢体不自由など様々な障害の擬似体験を題材として扱っている。そして特に，体験を通して生徒たちが何を思い，どのような気付きを得ることができたかという思考を促す活動を丁寧に指導し，深い学びへとつなげている。

2 ▶ 単元の目標

（1）単元の目標

- 視覚障害のある方たちの生活における困難さに気付き，困っている方に対して手助けが必要なことが分かる。
- 他者との思いやりのある関わり方について考える力を高め，考えたことを工夫して表現する。
- 思いやりを表現するよさを感じるとともに，自ら他者に働きかけ，共に助け合おうとする態度を養う。

（2）単元で働かせる「見方・考え方」

- 他者との関わりの視点で福祉を捉え，社会生活において相手を思いやる気持ちの大切さについて考え，深める。
- 相手の立場になって物事を考え，共に助け合う意義や喜びを感じ，社会生活を営む一員という視点から，自分の役割や自分自身への理解を深める。

3 ▶ 単元について

（1）生徒の実態

　本校は普通科で，知的障害の程度が軽度である生徒が1学年につき27名在籍し，卒業後は就労を目指している。素直で前向きな生徒が多く，あらゆる活動に対して真面目に取り組むことができる生徒たちである。

　一方で，自分のよさや苦手さといった自己理解が乏しい生徒や，自分に自信がもてずに自己肯定感の低い生徒が多い。また，他者とのコミュニケーションが苦手な生徒や，中には相手の立場を考えずに行動してトラブルを起こしてしまう生徒もいる。

（2）単元の設定

本単元は，視覚障害，聴覚障害，肢体不自由と様々な障害から生じる困難さについての擬似体験を通して学んでいく上での最初の単元である。ほとんどの生徒が公共交通機関を利用して通学しており，駅構内の点字ブロックや点字表示，白杖の使用者などを目にする機会が多い。また，視覚障害のある方は生徒たちにとって想像しやすく，相手の立場になって考える福祉の学習の導入において適切な単元でもある。

（3）配慮事項

- 視覚障害のある方たちの生活における困難さについて，教師が伝える情報は最小限にとどめ，生徒の想像力や思考力を引き出して主体性を促す。
- 視覚障害体験では，視覚障害者と介助者の両方を体験することにより，お互いの立場になって相手のことを考えられるようにする。
- 生徒同士の意見交換やプリント学習の時間を十分確保することにより，単なる「楽しい体験」で終わらせることなく，目の不自由な方たちに対する生徒の思いや気付きを表出する機会を設定する。

4 ▶ 単元の評価規準

- 視覚障害体験を通して，視覚障害から生じる不自由さに気付き，積極的に言葉によるコミュニケーションを取っている。
- 相手の思いに寄り添うためのコミュニケーションの方法について考え，工夫をしながら言葉をかけている。
- 相手を思いやる気持ちの大切さが分かり，自分の役割を自覚して，互いの信頼関係を大切にしたコミュニケーションを取っている。

5 ▶ 単元指導計画

時	学習内容	学習活動	育成を目指す資質・能力
1〜2	●導入：視覚障害のある方たちの生活について知る。	① 視界の広さや明瞭さの違いのある様々な種類の眼鏡を使用し，見えの状態を比較する。	★見えない，見えにくいとは実際にどのような状態なのかを知る。知
3〜4	●体験1：ガイドヘルプを体験する。	② 二人一組でアイマスクを着け，校内を歩行する。視覚障害者と介助者の両方を体験する。	★見えないことを補うために，お互いの適切なコミュニケーションについて考える。思
5〜6	●体験2：点字器を体験する。	③ 点字を読む学習を行う。また，点字器を用いて実際に点字を作成する。	★視覚障害のある方たちがどれだけ苦労して読み書きをしているのか，体験を通して考える。思
7〜8	●まとめ：視覚障害のある方たちのために，自分ができることを考える。	④ 直接的な関わりだけでなく，身近な生活の中でできることも考える。	★相手の立場を思い，助け合う気持ちが大切という考えをもつ。学

6 ▶ 本時の展開〔第3, 4時〕

(1) 本時の目標
・アイマスクを使用したガイドヘルプを体験し，視覚障害者と介助者がどのような気持ちになるかを体感する。
・相手がよりよく活動できるようなコミュニケーションの方法について考え，実践する。

(2) 本時の展開

学習活動	指導上の留意点	評価基準
導入（15分） 見えない状態での人とのやり取りを体験する。		
① アイマスクを着け，相手との会話や物の受け渡しをする。	・過度に恐怖心や不安感が生じる生徒がいる場合は，言葉をかける。	★目が見えない状態で人と関わる不自由さが分かる。知
展開（55分） ガイドヘルプによる校内歩行を体験する。		
② 二人一組で交互にアイマスクを着け，校内を歩行する。 ③ 各ペアで体験後の感想を伝え合い，どのようなコミュニケーションが有効かを話し合う。 ④ 話し合いの成果を生かし，再度校内を歩行する。	・階段や教室の出入口など危険が予想される場所に教師を配置し，安全に留意する。 ・「どの場面で，どんな気持ちになったか」と問いかけ，具体的な話し合いができるよう促す。 ・歩行中の気持ちを遠慮なく伝えられるよう，言葉をかける。	★介助者役を体験し，相手の気持ちに添った関わり方について考え，実践する。思 ★視覚障害者役を体験し，相手から支援を受けるための関わり方について考える。思
まとめ（20分） ガイドヘルプ体験を振り返る。		
⑤ 教室全体でガイドヘルプ体験を振り返り，感想を述べ合う。	・1回目と2回目の体験を比較して，活発な意見交換を促す。	★相手の気持ちを考えて関わるよさを仲間と共有し合う。学

7 ▶ 生徒の学びの姿

アイマスクを装用して歩行した際は，恐怖心から慎重になり過ぎて一歩を踏み出せない生徒や，周囲の物音や雑音に敏感に反応して立ち止まってしまう生徒が多く，想像していた以上に歩行の難しさを実感していた（写真1）。また介助者役の生徒は，視覚障害のある方でも分かるように具体的な言葉を選んでコミュニケーションを取る必要性を実感することができた。そして，互いの立場を体験す

写真1　ガイドヘルプ体験の様子

ることで，視覚障害のある方に対してどのような介助をすると安心感を与えることができるのかについて考えることができた。

単元の最後に，体験を通して感じたこと，自分たちにできる支援について考えた。たとえ障害があり不自由なことがあっても，互いに支え合う気持ちで補うことができるという

学びを，感想文から読み取ることができた（資料1）。

「単元を通して考えたこと，気付いたこと」

・道を教えるとき，階段や曲がり角を教えることが難しかった。
・見るという当たり前のことができないのは，とてもショックだと思った。
・目が見えるということは，とても便利で嬉しいことだと思った。
・視覚障害のある方たちが，普通に生活できていることに感心した。
・点字を勉強すれば，目の不自由な方たちと同じ気持ちで話せると思った。

「目の不自由な方たちのために，あなたができることは何か」

・一緒に歩いてあげる。
・自分から声をかけて手伝う。
・分かってもらえるまで伝える。
・点字ブロックの上に物を置かない。

資料1　生徒の感想（抜粋）

様々な障害の擬似体験の学習をひととおり終えた後，学びの場を地域へと移し，障害者支援施設や保育所など地域の方たちと関わる活動を展開している。校内での活動の成果を生かし，地域の方に喜んでもらえる内容を生徒たちが考え，レクリエーションなどを企画，運営し，交友を深めている（写真2）。福祉の授業をきっかけとし，社会に開かれた教育課程に向けて推進することができ，卒業後も地域で育つ生徒たちの活動の場を広げていくことができている。

写真2　ボッチャを楽しむ様子

〈前　愛知県立豊川特別支援学校本宮校舎：渡辺　大倫〉

◀　本事例における「主体的・対話的で深い学び」の視点　▶

様々な擬似体験を通して，障害から生じる困難さや自分たちにできることについて意見交換し，社会の一員としての自己の役割を認識し，生活を営む上で必要とする援助や相手の立場，気持ちを理解する他者理解について，仲間と振り返り共有しながら考えを深めている。また，地域を学びのフィールドとして，障害者施設や保育所とつながりをもち，共に活動する中で望ましい人間関係を形成し，社会福祉を推進しようとしている。

級友との対話, ICT機器の活用を通して課題を解決する生徒の主体的な活動を目指して
～卒業制作「後輩へのメッセージ」～

1 ▶ 実践の概要

「キャリアガイダンスの時間」は，東京都立知的障害特別支援学校高等部就業技術科の「学校設定教科」に位置付けられており，道徳と自立活動の目標や内容を中心とした各教科等を合わせた指導の一形態である。

本単元は，高等部3年生が，自己理解と他者との相互理解を深めることをねらうための単元として設定した。各学級で生徒が内容を検討し，撮影，編集の役割分担を行い，後輩へのメッセージを込めた3分程度の動画を制作した。

2 ▶ 単元の目標

（1）単元目標
- 「級友の思いや考えをまとめて一つの作品をつくる」という活動の目的を理解し，テーマに沿った自己の表現したい事柄と，制作物の内容を考える。
- 級友のよさを踏まえて関わり方を考え，ICT機器を利用し，学級で協力して一つの作品を制作する。
- 後輩に伝えるメッセージを考えることを通し，今までの自己のキャリアを振り返り，卒業後の生活を考える機会とする。

（2）単元で働かせる「見方・考え方」
- 「級友の思いや考えをまとめ一つの作品をつくる」という目標をもち，制作するに当たり，話し合い活動を通して他者の意見を聞き，受け入れながら，自分の考えを形成，整理する。
- これまでに学んだことを活用し，よりよい社会への参画，自己実現に向けた解決すべき課題に気付けるようにする。

3 ▶ 単元について

（1）生徒の実態

本学年は100名の生徒が在籍する。1学級10名の編制である。軽度の知的障害があり，療育手帳または精神障害者保健福祉手帳を所持し，全員が障害者雇用での一般就労を目指している。これまでの学校や地域での生活における失敗経験から，自己肯定感が低い生徒が多い。将来の生活への希望をもちつつも，一方で不安も抱えている。

本授業では，ワークシートを用いて自己理解を進める学習と，集団の中で自己と他者を

見つめ理解を深める構成的グループエンカウンターを主な学習の柱としている。いずれも大半の生徒が肯定的に捉えて取り組み，自己理解が深まり，それにより他者理解も進んできている。

（2）単元の設定

卒業を控えた生徒たちが自己肯定感の高まりを自覚でき，学んだことや身に付けたことを「後輩に伝える」という形で振り返る。また，それを形にできるようにしたいと考え，動画を作成する。主題の「後輩へのメッセージ」をより伝えやすい形として，動画は有効であると考えた。情報の授業で学んだ知識・技能を生かしICT機器を扱う。生徒個々の得意なことや希望を生かした役割分担ができることから，制作に主体的に関わることができる。生徒は3年間のまとめの「卒業制作」と捉え，級友と協力し意欲的に学習に臨める。

また2年生は，視聴した感想や自己の抱負をワークシートに記入する。感想等を3年生に返すことで，互いの思いを伝え合える場面を設定する。

（3）配慮事項

・生徒が主体的に取り組めるよう教材を工夫した。ICT機器を，ルールを定めた上で放課後等にも利用できるようにして動画編集を進めることで，授業時間内の撮影が効率よく行え，生徒の意欲が高まった。ワークシートに役割分担（撮影，編集，小道具作成等）や作品のタイムラインを記入するようにし，見通しをもちやすくした。撮影に当たっては，プロモーションビデオ風，コント風等，生徒の希望する演技や演出を取り入れた。

・制作には全員の考えや思いが反映されるようにした。相談に当たっては，全員が意見を出し，互いに聞き入れ進められるよう，話し合いの手順を事前に示した。

・生徒のそれぞれの実態に応じた主体的な活動を評価した。主に，自分から進んでやってみようとする積極的な態度や，これまでに学んだことを工夫して表出しようとする柔軟性のある態度が見られたところを評価した。

4 ▶ 単元の評価規準

・題材の趣旨や活動のねらい，制作の方法を理解している。
・級友とのやり取りや自己を見つめることを通して考えを表そうとし，一つの作品を学級で協力して制作しようとしている。
・後輩に伝えたいと考える3年間で学んだことや得たことを，作品制作を通して伝えようとしている。

5 ▶ 単元指導計画

時	学習内容	学習活動	育成を目指す資質・能力
1	●前年度の動画作品視聴	① 本単元の学習のねらいを知る。	★単元の取組内容と目標を理解する。知

1	●動画のイメージづくり	② 前年度のDVDを視聴し，3年生の言葉や演出等の参考点をワークシートに記入する。	★自己の表現したい事柄を考える。思
2	●学級で制作する動画の内容検討	③ 前時に記入したワークシートの内容を発表し，意見交換をする。 ④ 制作のルールやマナーを確認し，制作動画の内容を考える。	★他者の意見を受け入れ，自己の考えを形成，整理する。思
3	●制作する動画の大まかな流れの確認 ●試しの撮影	⑤ 前時の相談，計画内容を確認する。挿入する文字，BGM等について意見交換する。 ⑥ 試し撮影をして映像を確認し，構想を固める。	★各級友の学びの振り返りを取り込んだ制作について，話し合いを通し解決しようとする。思 学
4～5	●撮影 ●小道具，表示文字等作成	⑦ 分担した役割に従い，メッセージや演技を行い，撮影する。 ⑧ 動画視聴，再撮影，タブレット端末使用で文字や音楽を挿入する。	★後輩に伝えたい内容を効果的に表現する方法について考える。思
6	●撮影とまとめ	⑨ 動画を視聴し，制作の成果を確認する。自己及び学級の目標達成の振り返りと意見交換をする。	★自己の表現を確認し，今後の生活で生かそうとする。学

6 ▶ 本時の展開〔第2時〕

(1) 本時の目標

・学級で動画を制作するに当たってのルールを知る。
・ワークシートに記入した考えや，自己や級友の希望や得意なことを意見交換し，学級で制作する内容を考える。
・後輩に伝えたい事柄を考えることで，自己のキャリアについて振り返る。

(2) 本時の展開

学習活動	指導上の留意点	評価規準
導入（5分） 挨拶，出欠確認，前時の学習内容の振り返り		
① 前時を振り返り，本時の学習内容を確認。	・前時に記入したワークシートを見て，内容を思い起こす。	★前時の自己の考えを読み返そうとする。知
展開（25分） 学級で制作する動画の内容の検討		
② 前時ワークシートに記入した内容を発表。 ③ 検討や相談に当たってのルールやマナーの確認。 ④ 制作動画の内容検討。	・多様な意見が出せるよう，意見，感想を進んで発表するよう促す。 ・発表方法と順番，意見の受け入れ方などのルールを確認し，学級にとってのよい方法を決めるようにする。 ・制作，撮影に抵抗感がある生徒が主体的に関われるよう，話し合い活動への助言，問いかけを行う。	★制作に当たり，守るべきルールやマナーがあることを理解する。知 ★他者の意見を聞き入れつつ自己の考えを表現し，学級で制作するテーマや内容を考えようとしている。思 学
まとめ（10分） 振り返りと次回の予定確認		
⑤ 本時ワークシートの振り返りを記入。 ⑥ 次回の活動の確認。	・自己の表現，級友から得た参考点を振り返るよう助言する。 ・自己肯定感の低い生徒の厳しい自己評価には本時のよい点を伝え，考え直すきっかけをもてるようにする。	★本時の発言や級友の意見を取り入れた自己の考えを振り返り，次回の活動に活用しようとしている。思

7 ▶ 生徒の学びの姿

（1）制作への意欲

　本単元は，学級の卒業制作を行う学習となる。2年次に先輩の動画を視聴し，感想とメッセージを送ったため，その時点から自分たちの作品の構想を考え始める生徒もいる。テレビやインターネットを参考に音楽や設定場面等を自ら考え準備をする生徒もおり，「先輩たちよりもよい作品をつくりたい」という意欲をもち取り組んだ。

（2）級友同士の意見交換を通した制作

　動画制作に当たっては，学級全体で話し合いの手順を確認した上で相談を進めた。話し合い活動では，先に発言する等の経緯で意見が通ることのないよう，ワークシートの記入内容を個々の意見として発表した。全員の考えを互いに聞き合うことを通し，多くの生徒の意見が反映されるものとなった。その中で，主題を中心になって考える生徒，構成や撮影

写真1　作品制作（撮影）の様子

を担当する生徒などの役割分担を，相談して決めた。得意分野や希望の活動内容に携わることで，生徒はより主体的に取り組むことができた。また，生徒は互いの得意，不得意を理解し合うようになったことから，話すのが苦手な生徒には得意なことを生かせる内容を級友が提案し，当該生徒もそれを受け入れた。その結果，絵やメッセージの挿入，楽器演奏などを動画にした。これらは本教科で学習してきた自己理解，他者理解の伸長による成果であると考える。

（3）ICT機器の活用，他教科との連動

　本単元の前に，教科「情報」でタブレット端末利用によるCM作成を行い，動画の撮影，編集，データの共有等を学習した。そのため学級全体で撮影や編集に取り組め，全員でつくった達成感を，より深く味わえるものとなった。

〈東京都立南大沢学園：伊藤　佳子〉

◀　本事例における「主体的・対話的で深い学び」の視点　▶

卒業制作に当たり，ワークシートを活用して学級全員で意見交換し，自己を表現したり他者の考えを受け入れたりしながら，多様な角度から他者理解，自己理解を深めた。役割分担をし，集団の一員として責任をもって制作活動に参画して，ルールやマナーを決めてお互いを尊重しながら他者と協働して課題解決を図る経験が，卒業後のよりよい人間関係の形成や社会参加に結び付くように，きめ細やかな振り返りや評価の過程が組まれている。

「販売促進会議」を通しての
「主体的・対話的で深い学び」の追究
～「SAZANKAマーケット」を成功させるために～

1 ▶ 実践の概要

　本校では地域貢献活動の一環として，月1回，地域向け作業製品販売会「SAZANKAマーケット」（以下，「SAZANKAマーケット」）を開催している。店名は校章の山茶花から付けた。販売会開催後には，百貨店のバイヤー，IT企業の情報教育の専門家から助言を得て「販売促進会議」を実施している。「販売促進会議」では，話し合いを通して生徒が主体的に接客，販売，商品開発を学ぶ機会を設けている。

2 ▶ 単元の目標

・私たちの「SAZANKAマーケット」をつくる～販売促進会議でお客様に喜んでもらえる商品開発と販売促進～

（1） 単元目標
・商品のクオリティ，価格，季節，色，使い方等
・5W1Hで考え，意見についてはその理由を述べる。
・お客様の立場になって考える。

（2） 単元で働かせる「見方・考え方」
・作業製品の販売会では，お客様アンケートや売上情報を共有し，お客様の視点に立って考える。売れた商品については，購入時間帯，購入者の年齢層や性別等，マーケティングについて学び，製品開発に役立てている。
・商品開発と販売方法を5W1Hで考える（いつ，どこで，だれに，何を，なぜ，どのように買ってもらえる〔つくる〕か）。
・「クリティカル・シンキング」（自分の好みだけではなく，理由を明確にして意見を述べる）

3 ▶ 単元について

（1） 生徒の実態
　高等部普通科において一般就労を目指す職業学習類型の中の二つの作業班（事務，総合加工）で，障害の程度が軽度と言われる生徒。1年，2年，3年生の17名。1年生は企業への1日インターシップを体験している。2年生，3年生は企業実習及び高齢者施設でのボランティア活動を体験している。

（2）単元の設定

本校では作業学習を学年の縦割で10班編成し，製品づくりの作業班（木工，園芸，食品サービス，軽作業Ａ，軽作業Ｂ）で作った作業製品を，平成28年度より毎月１回，校舎玄関前で地域に向けて販売している。学校を会社のように想定して，製造部門で製作した製品の仕上げとラッピングをする総合加工班と事務班が販売促進会議を開き，商品開発と販売促進を実施している。また，販売会では製造している班の生徒も販売している。学校全体で販売会を実施することで，自分たちの販売会であることを意識できるようにしている。

販売促進会議では，生徒が中心になり商品開発・販売方法を考えることで，「主体的・対話的で深い学び」を追求している。生徒は外部専門家からの助言から，マーケティング，思考の仕方，話し合いの仕方を学び，生徒同士がSAZANKAマーケットをどのように成功させるか話し合いを通して思考を深める機会とした。

（3）配慮事項

・授業のねらい，流れ，まとめは掲示して確認ができるようにする。
・話し合いのルールを決める。司会，記録，発表の役割を決める。
・発表には，具体的に商品や写真を使い，視覚的に分かりやすくする。
・生徒の意見を受け止め，意見の理由を引き出すように発問する。

4 ▶ 単元の評価規準

・作業製品の知識を習得し，売上情報を共有して製品開発に役立てている。
・５Ｗ１Ｈの視点で商品開発をし，理由を付けて発言できている。
・お客様の立場になって考え行動し，接客に関する望ましい態度を身に付けている。

5 ▶ 単元指導計画

時	学習内容	学習活動	育成を目指す資質・能力
1	● ４月：販売促進会議の運営について考える。	① 会議の内容と進め方を確認する。 ② 役割分担を確認する。	★業務内容と役割について知る。学
2	● ５月：第２回SAZANKAマーケットの振り返りと次回販売会に向けての戦略	③ お客様アンケートから，季節（夏）を意識した商品開発。夏に使う商品。夏のテーマカラーを決める。	★お客様のニーズについて考える。思 学
3～4	● ７月：第４回SAZANKAマーケットの振り返り ● 10月：製品づくりのために必要な情報収集の仕方・意見交換	④ 第４回SAZANKAマーケットの販売結果を集計・分析する。 ⑤ 季節（秋）を意識した商品開発。秋のテーマカラーを決める（外部講師：百貨店バイヤー）。	★ベストセラー（売れた商品），ワーストセラー（売れ残った商品）の理解と理由を考える。知 思

5〜8	●12月：第7回SAZANKAマーケットの販売結果集計・分析と商品開発等 ●1月：コミュニケーションスキルアップ研修・クリティカル・シンキングについて学ぶ。	⑥ マーケティングの基本を学び，商品開発・販売方法を深める（外部講師：百貨店バイヤー）。 ⑦ クリティカル・シンキングの講義と演習（外部講師：IT企業CEO）。	★商品開発を５Ｗ１Ｈで考える。思 ★I（アイ）メッセージで話す。知 ★理由を付けて発言する。思
9〜10	●全国公開研究会発表：1年間の販売促進会議のまとめ ●生徒向け販売会の役割分担決め	⑧ 生徒の意見を「そう感じたの」と受け止めて，意見の理由を「それはどういう理由ですか」と，問いかけるように支援する。	★理由を付けて自分の意見を述べる。思

6 ▶本時の展開〔第3時〕

（1）本時の目標
・販売会の売上情報から，ベストセラー（売れた商品），ワーストセラー（売れ残った商品）を知り，その理由を考える。
・お客様に買っていただける商品について，理由を付けて発言する。

（2）本時の展開

学習活動	指導上の留意点	評価規準
導入（5分） 授業のねらいと流れを確認する。		
① 本時のねらいと内容 ・販売促進会議の内容を確認する。	・本時のねらいと流れを見て確認できるよう，掲示物を使って説明する。	★授業のねらいと流れを知る。知
展開（40分） コミュニケーションスキルについて知り，演習を通して身に付ける。		
② 前回の販売会の売上報告（事務班）。 ③ 販売の専門家から助言を受ける。 ・ベストセラーとワーストセラーの理由を考える。 ④ 次回の販売会に向けての商品開発（総合加工班）。 ⑤ 各作業班（軽作業A，軽作業B，園芸，木工，総合加工）の製品紹介。	・売上のよい商品と売上が落ちた商品について理由を考えられるよう発問する。 ・生徒の発言を待つ。 ・生徒の発言を繰り返し，肯定的に意見を受け止める。 ・意見の理由を問いかける。 ・季節に関する商品やテーマカラーを意識できるようにする。 ・商品の特徴や使い方について気付けるようにする。	★売上情報，商品の理解をする。知 ★ベストセラーとワーストセラーの理由を考える。思 ★お客様の立場になって商品を考える。学
まとめ（5分） 意見に理由を付ける大切さを確認する。		
⑥ まとめ。	・商品開発などについての発言で，よいと感じた意見を聞く。 ・意見に理由を付けるのはなぜか問いかける。	★好き嫌いではなく，意見に理由を付けることを理解する。思

7 ▶ 生徒の学びの姿

販売促進会議当初，お客様アンケートの中には，すぐには作れない商品を作ってほしいとの意見もあった。

その後，販売の専門家から接客マナー，販売方法，５Ｗ１Ｈで商品を開発する方法，PDCAサイクルで見直しと改善をする方法を学び，「夏向けにペットボトルケースを作ろう」，「さわやかなブルーをテーマカラーにしよう」，「冬は鍋を食べるから，鍋つかみを作ろう」という意見により，自分たちで作れる商品を開発している。

写真１　販売促進会議

一方，IT企業の情報教育の専門家からは，話し合いの仕方や「クリティカル・シンキング」などを学んだ。生徒からは「クリティカル・シンキングを学んで，好き嫌いではなく，理由を考えて意見を言えるようになった」，「会社ではこのような会議をしていると思うと，物づくりの仕事が楽しいなと思った」，「商品開発だけでなく，販売のときに自分で考えて商品を並べ，説明することができたのも，会議の話し合いをしたからだと思う」など，生徒の相手を思いやる気持ちが育っている。さらには，地域の方に商品を喜んで買っていただけることに生きがいを感じている。

〈前　東京都立江東特別支援学校：早川　智博〉

◀ **本事例における「主体的・対話的で深い学び」の視点** ▶

作業製品の販売会に向けて，産業界の専門家から助言を受けながら，顧客ニーズに基づく販売促進会議を実施している。商品開発と販売方法を５Ｗ１Ｈの多様な角度から検討したり，理由を明確にして意見を述べたりすることで，自己の考えをより深める工夫がなされている。アンケートや売上情報を共有し議論することで，様々な気付きが得られ，新たな発想へとつながり，具体的な課題の解決策を生み出す力の育成が図られている。

▶ **執筆者一覧**

【編著者】

全国特別支援学校知的障害教育校長会

担当：大井　　靖　　東京都立武蔵台学園統括校長
　　　荒川　早月　　東京都立高島特別支援学校校長
　　　矢野　勝義　　東京都立矢口特別支援学校校長
　　　柳澤　由香　　東京都立田園調布特別支援学校校長
　　　［平成29年度］
　　　坂口　昇平　　前　東京都立羽村特別支援学校校長
　　　早川　智博　　前　東京都立江東特別支援学校校長

【執筆者】

大井　　靖　　上掲

丹野　哲也　　東京都教育庁特別支援教育指導課長
　　　　　　　（前　文部科学省視学官）

武富　博文　　教育政策研究会特別支援教育部会西日本支局長
　　　　　　　（前　国立特別支援教育総合研究所総括研究員，
　　　　　　　文部科学省視学委員（命）特別支援教育調査官）

清水　　潤　　国立特別支援教育総合研究所統括研究員，
　　　　　　　文部科学省視学委員（命）特別支援教育調査官

安藤　宗久　　滋賀県心の教育相談センター所長
　　　　　　　（前　滋賀県立三雲養護学校校長）

清水　　匠　　滋賀県立三雲養護学校教諭

余賀　奈美　　岡山県立岡山西支援学校教諭

林　　尚美　　横浜市立本郷特別支援学校主幹教諭

杉本　　萌　　広島県立庄原特別支援学校教諭
　　　　　　　（前　広島県立呉特別支援学校教諭）

齋藤　　香　　静岡県立吉田特別支援学校教諭

佐野　友俊　　山梨県立やまびこ支援学校教諭

櫻田　佳枝　　秋田大学教育文化学部附属特別支援学校教諭

鎌田　有紀　　東京都立久我山青光学園教諭

内田　雅規　　佐賀県立中原特別支援学校教諭

福安　　彬　　鳥取県立倉吉養護学校教諭
　　　　　　　（前　鳥取県立白兎養護学校教諭）

藤原　佑介　　秋田県立支援学校天王みどり学園教諭

北島　珠水　　秋田県立栗田支援学校教諭

矢倉　　一	北海道今金高等養護学校教諭
辻村　洋平	東京都立青峰学園主幹教諭
大村　和成	福岡県立特別支援学校「福岡高等学園」教諭
篠木貴美子	福島県立西郷支援学校教諭
野坂　鉄夫	滋賀県立甲南高等養護学校教諭
渡辺　大倫	刈谷市立刈谷特別支援学校教諭 （前　愛知県立豊川特別支援学校本宮校舎教諭）
伊藤　佳子	東京都立南大沢学園指導教諭
早川　智博	上掲

（以上，執筆順。所属等は平成30年11月現在）

知的障害特別支援学校における
深い学びへのアプローチ
～「主体的・対話的で深い学び」の視点からの授業実践～

2019（平成31）年 1 月17日　初版第 1 刷発行
2019（令和元）年10月13日　初版第 3 刷発行

編著者：全国特別支援学校知的障害教育校長会
発行者：錦織　圭之介
発行所：株式会社東洋館出版社
　　　　〒113-0021　東京都文京区本駒込 5 丁目16番 7 号
　　　　営業部　電話：03-3823-9206　FAX：03-3823-9208
　　　　編集部　電話：03-3823-9207　FAX：03-3823-9209
　　　　振　替　00180-7-96823
　　　　Ｕ Ｒ Ｌ　http://www.toyokan.co.jp

印刷・製本：藤原印刷株式会社
デザイン：宮澤　新一（藤原印刷株式会社）

ISBN978-4-491-03612-0　　　　　　　　　　　Printed in Japan

JCOPY　＜(社)出版者著作権管理機構　委託出版物＞
本書の無断複写は著作権法上での例外を除き禁じられています。複写される場合は、そのつど事前に、(社)出版者著作権管理機構（電話 03-5244-5088, FAX 03-5244-5089, e-mail: info@jcopy.or.jp）の許諾を得てください。